UTE WOLTRON

99 Genüsse, die man nicht kaufen kann

Selbstgemachte Köstlichkeiten

aus Natur & Garten

UTE WOLTRON

99 Genüsse, die man nicht kaufen kann

Selbstgemachte Köstlichkeiten
aus Natur & Garten

Brandstätter

INHALT

Ein dankender Gruß aus der Küche

geht an die Helferinnen und Helfer, die über die Jahre Ideen und Rezepte beigesteuert haben: Michael Glawogger für seine höllenscharfen Parmesanchips mit Chili, Mizzi Weidenauer für das sorgfältige Abwägen der Qualitätsunterschiede zwischen den Maiwipferlsäften, Daniel Spoerri neben vielem anderen für seine vereinfachenden und damit verbessernden Tipps zur Sauerampfersauce, Hermine Gruber für die Beschreibung eines sogleich nachgeahmten Liebstöckelpestos, Clemens Foschi für die Einführung in die Welt der Chutneys mittels seines Stachelbeerchutneys mit grünen Tomaten, Brigitte Primes für kulinarische Initiationsriten in Kinderzeiten und für ihr Korianderpesto, Nathalie Pernstich unter anderem für den Tipp, wie man Schalotten schält, Jock Keim für die nachhaltige Überzeugungsarbeit, Schlehenlikör anzusetzen, meinem Swoboda-Urgroßvater für die Nussschnapsüberlieferung, Christian Rätsch für alle ethnobotanischen Inspirationen und sein Buch „Der Atem des Drachen", AT Verlag, Aarau, Schweiz, Andreas Jordan für den spontanen Import von Gummiarabikumbällen aus Äthiopien zum Zwecke des Veilchenkandierens, Wolfgang Herles für alles Kulinarische und dafür, dass er meine ersten selbstgemachten Nudeln tatsächlich aufgegessen hat, und zuletzt an diejenigen, die den Grundstein für mein Leben in der freien Wildbahn gelegt haben – an meine wunderbare Großmutter und meinen wunderbaren Großvater.

Anleitung zum Genüsslichsein

Der Mensch lebt mit allergrößter Wahrscheinlichkeit doch nur ein einziges kostbares Mal, weswegen ich persönlich es für ganz unklug halte, auch nur einen Tag dieses Daseins mit Unzufriedenheit und unnötigem Grant zu verschwenden. Ich gehe sogar so weit zu behaupten, dass jeder Tag möglichst lustvoll zu gestalten sei. Wie jeder Einzelne das anstellt, bleibt ihr oder ihm überlassen, ich jedenfalls finde größtes Vergnügen in der schweißtreibenden Bearbeitung meines Gartens und in der experimentellen Verwertung seiner Produkte in meiner Küche. Natürlich geht da wie dort nicht immer alles gut – doch das ist nicht der Punkt.

Dieses Buch herzustellen, bedeutete genau diese Kombination: Garten und Küche, gespickt mit einer weiteren Vergnüglichkeit meines Daseins, dem Schreiben. Kurzum: Ich stehe jetzt, da dieses Buch geschrieben ist, am Ende einer genüsslichen Phase, die ein Jahr umfasste. Die Arbeit begann im tiefsten Winter mit tagelangem Studium diverser Samenkataloge aus mehreren Ländern. Sie setzte sich fort mit der Anzucht von aufregenden Pflanzen wie beispielsweise der Huckleberry, dem Zitronengras, Griechischem Bergtee, mehreren Koriander- und zumindest zehn verschiedenen Tomatensorten und noch etwa hundert anderen Pflanzen, die von März bis Ende Mai bedeutende Flächen meines Heimes unpassierbar machten, bis sie endlich ausgepflanzt werden konnten.

Die Arbeit an diesem Buch brachte mich auch an Tagen, an denen ich womöglich gar nicht ins Freie gekommen wäre, hinaus auf Felder und in Wälder, auf meine kleinen Äckerchen und Himbeerhaine, um Löwenzähne, Tannenwipfel und Schlehen zu ernten, um die Reifegrade der Kornelkirschen zu überprüfen und den Schnecken Sauerampfer und Koriander zu entreißen. Ich wusste dieses gesamte Jahr über stets exakt wie nie Bescheid über die jeweiligen jahreszeitlichen Fortschritte da draußen in der Natur – und ich kann Ihnen sagen, ich will keinem Jahr mehr anders begegnen.

Die Genüsse, die Sie in Texten und Rezepten aufbereitet finden, sind alle bewusst sehr einfach. Und natürlich können Sie einwenden, der eine oder andere angeführte Genuss sei sehr wohl käuflich zu erwerben. Darin werde ich Ihnen Recht geben, doch werde ich auch erwidern, dass nichts auf der Welt Ihnen den Genuss des Tuns erkaufen kann, und genau darum geht es in diesem Buch.

Die Rezepte sind die Ergänzung der Texte, sie sollen lediglich ein Grundgerüst für all jene darstellen, die weiterexperimentieren wollen, die selbst Genüsslichkeiten erfinden wollen, denen womöglich einfällt, dass man zu diesem noch

jenes dazutun und es damit noch weiter verbessern könnte. Ich bitte darum – toben Sie sich aus. Ich habe die angeführten Rezepte natürlich alle mehrfach durchgekocht, möchte Ihnen aber noch ein paar grundlegende Tipps mit auf den Weg geben, falls Sie sie noch nicht kennen:

Da es häufig auch um das Austesten unterschiedlicher Sorten geht, die unterschiedliche Kocheigenschaften haben, wird es vor allem dort, wo etwas gelieren soll, mitunter notwendig sein, die Zuckermengen anzupassen. Gelierzucker wurde weitestgehend vermieden, da in den meisten Fällen Mazeration mit Zucker über Nacht und die natürlich enthaltenen Pektine für das Gelieren ausreichen. Geliert etwas nicht, werfen Sie mehr Zucker dazu. Die Gelierprobe ist unerlässlich und funktioniert folgendermaßen: Ein paar Tropfen der heißen Fruchtsauce auf einem Teller erkalten lassen. Wenn nichts mehr rinnt, passt's.

Selbstredend müssen Sie höchst säuberlich arbeiten und alle Gläser und Gefäße, in die Marmeladen und anderes gefüllt werden, kochend heiß und am besten auch noch mit einem geschmacklich dazupassenden Schnäpschen ausspülen: Den Klaren in eines der Gläser füllen, dieses mit dem Deckel verschließen, schütteln, damit auch der Deckel schnapsgebadet ist, ins nächste Glas damit und so weiter. Zu den Gläsern: Besorgen Sie sich die schönsten, die Sie kriegen können, heben Sie besondere auf, denn das Auge isst genüsslich mit. Für Gelees und Marmeladen sollten sie auf jeden Fall klein sein und nicht mehr als 150 ml fassen. Der Inhalt wird nicht besser, sobald die Gläser geöffnet sind. Auch geschlossene Gläser sollten nicht länger als ein Jahr aufbewahrt werden.

Zum Passieren: Die feinsten Texturen erhält man, wenn man mit einem Passierholz und einem großen feinmaschigen Sieb arbeitet. Die Flotte Lotte als Passiergerät ist ebenfalls ein äußerst nützliches Werkzeug für alles nicht ganz so betont Feine.

Zu den Mengen: Machen Sie nicht zu viel. Machen Sie lieber von vielem kleine Mengen. Ich persönlich schrecke auch nicht vor der Produktion von nur drei Vogelbeergelee-Gläsern zurück, wenn die Ernte schlecht ist oder die Vögel wieder einmal schneller waren. Außerdem ist das Zeug ja sparsam zu verwenden. Alle Rezepte im Buch sind ohnehin für eher kleine Mengen ausgelegt.

Bleibt nur, Ihnen Spaß, Genuss, Erfolg, Freude am Tun zu wünschen. Epikur sei unser Leitstern: „Die Lust ist Ursprung und Ziel des glücklichen Lebens."

Ute Woltron

FRÜHLING

VEILCHEN

Achtung: Beim Kandieren von Veilchenblüten können Sie gegebenenfalls ins Fanatische kippen.

Eine natürliche Scheu vor Menschen, die kostbare Lebenszeit damit verbringen, mittels feinster Marderhaarpinsel Veilchenblüten sorgsam rundherum mit einer Substanz zu überziehen, mit der bereits die alten Ägypter Leichen einbalsamierten, ist durchaus verständlich. Ich persönlich wäre zumindest ein bisschen skeptisch, gleichwohl aufgrund angeborener Neugier doch auch interessiert an derlei irrem Tun. Weswegen ich mich in eine Apotheke begab, um diese historische Substanz zu erwerben.

Für die hatte sich offenbar bereits seit Apothekergenerationen kein Mensch interessiert, und wären Apotheken nicht Horte penibler Reinlichkeit, so wäre die Pharmazeutin wohl staub- und spinnwebenbedeckt aus den Tiefen der Speicher zurückgekehrt. War sie aber nicht, als sie, das letzte Fläschchen des Gummiarabikum-Pulvers in Händen, triumphierend zur Kasse schritt.

Daheim mischte ich die geheimnisvolle Substanz, bei der es sich übrigens um den getrockneten Pflanzensaft einer afrikanischen Akazienart handelt, mit lauwarmem Wasser und begab mich, während das Zeug zu einer Art dünnem Kleister quoll, in den Garten.

Dort pflückte ich Veilchen. Es standen viele zur Auswahl, denn Veilchen sind ein hübsches, in vielen Arten und Sorten alles überwucherndes Unkraut. Ich wählte lila und rot-lila Spielarten sowie eine reizende weiß-violette Sorte. Sodann kramte ich den mittleren unter den Aquarellpinseln hervor. Der hatte seinerzeit bereits die Rundungen fröstelnder Akte verewigt – von meiner kundigen Hand selbstredend in genialischen Strichen geführt, oder vielleicht auch nicht – egal, jetzt umkurvte er geschmeidig die bei genauer Betrachtung ausnehmend komplizierte Anatomie der Veilchenblüten. Ein Erlebnis! Die Natur, sie ist unvergleichlich, und sie ist es wert, bis hinab in mikroskopische Blütenabgründe studiert zu werden.

Doch zurück zur Sache: Kandieren Sie Veilchen stets nur mit Marderhaar-Aquarellpinseln, das sag' ich Ihnen, und ich bin ein Profi. Denn nach dieser faszinierenden Mikrolackiererei bestäubte ich die Blüten hauchzart mit feinem Zucker, trocknete die Angelegenheit bei exakt 60 °C Umluft im Ofen und sprang sodann augenblicklich in höchster Gespanntheit vor den Computer, um vergleichende Bildanalysen via Internet anzustellen.

Resultat: Meine kandierten Veilchen halten jedem, aber wirklich jedem Vergleich stand. Keine dicklichen Verklebungen, vielmehr voll erhaltene Formen, durchschimmernde Lilaviolетttöne, wie es sich gehört. Sie sind eine Augenweide auf allen Gebäcken und Torten. Dass es sich dabei um nichts anderes handelt als um kleine einbalsamierte Veilchenmumien, ist egal. Oder was meinen Sie?

Kandierte Veilchen

Die werden seit ein paar Jahrhunderten von Verrückten hergestellt, das Veilchenkandier-Zentrum liegt dabei in Toulouse, Frankreich. Die violetten Zückerchen waren seinerzeit Kaiserin Sisis Lieblingsnascherei. Suchen Sie große, schöne Blüten, mischen Sie ein, zwei Esslöffel Gummiarabikum-Pulver mit Wasser zu einer pinseltauglichen Kleisterkonsistenz und gehen Sie wie bereits beschrieben vor. Aromatische Sensationen sind nicht zu erwarten - der Schwerpunkt beim Veilchenkandieren liegt in der Schönheit.

Veilchenzucker

Veilchenzucker besticht durch seine Farbe. Die Veilchenblüten werden ohne grüne Stängelansätze getrocknet und zu mehlfeinem Pulver vermahlen. Menge je nach Belieben. Dann kommt das Veilchenmehl in feinen Kristall- oder in Staubzucker. Sieht hübsch aus, etwa wenn damit Schlagobers bzw. -sahne gefärbt und parfümiert oder der Zucker über süßes Gebäck gestäubt wird.
Aus Veilchen kann man übrigens auch Tees zubereiten. Soll gegen Husten helfen.

TARAXACUM

LÖWENZAHN

Was Kühe und Maulwürfe mit dem Löwenzahnsalat zu schaffen haben.

Kaum ist der Schnee geschmolzen, sind die Bäche vom Eise befreit, sieht man – vor allem im Süden Österreichs – Menschen seltsam gebückt suchend über Wiesen und Weiden schreiten: Sie ernten dort das erste frische Gemüse der Saison – den jungen Löwenzahn. Aus dem lässt sich einer der aufregendsten Salate überhaupt zubereiten.

Selbstredend hat jeder sein spezielles Rezept für den „Röhrlsalat" in verschiedenen Varianten. Dafür braucht der Frühlingsgourmet jedenfalls möglichst junge Blätter des Löwenzahns, deren hohle Stämmchen aufgeschnitten den Namen des Salats erklären. Mit ein paar gekochten Kartoffelscheiben gemischt und milde abgemacht, ergibt die Angelegenheit eine lukullische Frühlingsspeise, der von seinen Anhängern natürlich auch ungeheuerliche Vitaminmengen und andere belebende Inhaltsstoffe zugeschrieben werden.

Im Frühjahr ist der „Röhrlsalat" besonders empfehlenswert, denn der Löwenzahn neigt in seinen späteren Altersphasen zu einer gewissen Verhärtung und Verbitterung, sprich, seine Blätter sind für Nicht-Wiederkäuer wirklich nur im Jugendstadium mit uneingeschränktem Genuss verdaulich. Es sei denn, sie werden vor dem Sonnenlicht abgeschirmt, und das erfolgt auf gewissermaßen natürlichem Weg zum Beispiel auf jenen Weiden, auf denen im vergangenen Jahr die Kühe nicht nur die Gräslein gemalmt, sondern auch ihre fladigen Verdauungsprodukte haben liegen lassen.

Es handelt sich hier um keinen Scherz, wenn wir erzählen, dass manche um die verborgenen Vorzüge dieser Weiden genau Bescheid wissen und im Frühjahr unter den abgetrockneten Kuhfladen die hellen, gelben, von Sonnenstrahlen noch nicht verbitterten Junglöwenzähne zu ernten pflegen.

Das mag die distinguierte Städterschaft nun in Abscheu versetzen. Doch wir wissen Rat: Auch in Maulwurfshügeln lässt sich oft erdumhüllter und dessentwegen dottergelb gebliebener Löwenzahn ernten. Das übrigens auch im Hochsommer.

Wer's aber noch zivilisierter mag, kann Kuhfladen oder Maulwurfshügel ganz einfach durch Blumentöpfe ersetzen und diese umgedreht über ausgewählte Löwenzähne stülpen. Die Franzosen machen das schon lange. Vielleicht haben auch wir hier jetzt eine neue Mode angezettelt, und schon bald sind die Almen und Wiesen mit Blumentöpfen übersät wie früher die Weiden mit Kühen. Eine herrliche Vorstellung. Weil Salatkaufen ist – im Vergleich zur Jagd auf die Wilden unter den Pflanzen – auf jeden Fall langweilig.

„Röhrlsalat"

Für diesen Kult gewordenen Salat werden junge Löwenzahnblätter in gefällige Dimensionen geschnitten. Dazu kommen mehlige Kartoffeln, gekocht und in feinen Scheiben, sowie nach Belieben ein wenig Knoblauch (wenn es nach mir geht, unbedingt), milder Essig, idealerweise ein guter Apfelessig, und Öl. Letzteres kann gerne auch steirisches Kürbiskernöl in nicht zu reichlich bemessener Dosierung sein. Salz dazu und sofort essen.

Löwenzahngelee

200 Löwenzahnblüten (ergibt nach dem Putzen ca. 80 g)
1 l Wasser
1 kg Gelierzucker
1 Zitrone, unbehandelt

Eine unaufwendige, leichte Variante für einen Löwenzahn-Brot- und -Keksaufstrich: Die Blüten mit der Schere von allem Grünen befreien, mit dem Wasser und der in Scheiben geschnittenen Zitrone einmal ordentlich aufkochen und über Nacht kühl stellen. Nach dem Abseihen mit dem Gelierzucker aufkochen, Gelierprobe machen, abfüllen.
Wer es weniger süß mag, verwendet Gelierzucker 1:2 oder 1:3. Die Zitrone kann auch durch Limone ersetzt werden.

Löwenzahnhonig

200 Löwenzahnblüten (ergibt nach dem Putzen ca. 80 g)
1 l Wasser
1 kg Zucker
1 Zitrone, unbehandelt

Die frischen Löwenzahnblüten mit der Schere von allem Grünen befreien, mit dem Wasser und der in Scheiben geschnittenen Zitrone einmal ordentlich aufkochen und über Nacht zugedeckt kühl stellen. Am nächsten Tag säuberlich abseihen und mit dem Zucker bei nicht zu großer Hitze und sparsamem Rühren ohne Deckel zur rechten Honig-Konsistenz einkochen. Das dauert etwa zwei Stunden und erfordert ab einer gewissen Eindickung verstärktes Rühren und auch ständige Kontrolle, indem man einzelne Tropfen abkühlt und die Eindickung beobachtet, denn der „Honig" kann rasch zu dickflüssig werden.
In saubere Gläser füllen.
Macht sich sehr gut zum Beispiel in Tee, auf Butterbroten und über Eiscreme.

THYMUS VULGARIS

THYMIAN

Suchen Sie sich aus Dutzenden Sorten Ihren Lieblingsthymian heraus.

Die Römer nahmen stärkende Thymian-Bäder, bevor sie in die Schlacht zogen. Bei den Ägyptern galt der Thymian als eines der wichtigsten Kräuter für Einbalsamierungsprozesse. Die Griechen hielten ihn für jenes Kraut, das aus den Tränen der schönen Helena spross. Nur die Franzosen, diese alten Kulinariker, hatten schon seit jeher den sympathischsten Ansatz, dem aromatischen Gewächs zu begegnen: Sie behaupten, der Thymian sei „das Herz der raffinierten Küche".

Dieses darf tatsächlich höher schlagen, allein dank der Vielfalt, in der Thymian aller Art auf Teller und in Töpfe kommt. Es zahlt sich aus, den mehrjährigen mediterranen *Thymus vulgaris* in den verschiedensten Spielvarianten zu kultivieren und sich durch die unterschiedlichen Thymiangeschmacksnuancen zu kosten und damit zu experimentieren.

Thymus vulgaris gibt es in Dutzenden Sorten. Jedes Land und dessen Gärtner und Gärtnerinnen scheinen eigene vorzügliche Thymiane hervorgebracht zu haben: Frankreich einen schmal silberblättrigen, kleinen, aufrecht wachsenden Thymian, der besonders aromakräftig ist, England einen großblättrigeren mit deutlich mildem Geschmack.

Die Italiener kultivieren neben vielen anderen einen grau belaubten Thymian, der zusätzlich nach Oregano duftet und schmeckt, die Portugiesen und Spanier bevorzugen dickblättrige, kratzbürstige Thymiane, die raueren Naturells und harzig-würzigeren Aromas sind. Auch den hierzulande immer beliebter werdenden Zitronenthymian gibt es in diversen Sorten, mit gelben Blättchen oder mit weiß gerandeten zum Beispiel. Man muss sich also bewusst durcharbeiten durch dieses herrliche Gewürzkrautuniversum des Thymus und alles ausprobieren, dessen man habhaft wird.

All den Thymiansorten gemein ist aber folgende wichtige Eigenschaft: Der Thymian gehört zu jenen Kräutern, deren Würzintensität durch Trocknen nicht leidet, sondern – im Gegenteil – noch zunimmt. Die wissenschaftliche Begründung lautet: Durch die Zerstörung der Zell- und Pflanzengewebestrukturen beim Eintrocknen gelangen die ätherischen Öle besser in die Speisen und damit an unsere Geschmackspapillen. Das soll uns recht sein.

Thymian kann natürlich auch frisch verwendet werden, zum Beispiel in Form von Zitronenthymianbüscheln in Fischbäuchen, aber auch für Gelee und Öl. Alle folgenden Rezepte schmecken mit unterschiedlichen Thymiansorten unterschiedlich. Kosten Sie sich am besten durch.

Thymiangelee

2 Handvoll frischer oder getrockneter Thymian
1 l Wasser
1/2 kg Gelierzucker 2:1
Saft einer halben Zitrone

Den Thymian mit dem Wasser kurz aufkochen, zudecken, über Nacht kühl stellen. Am nächsten Tag abseihen, dabei gut ausdrücken, sodass noch rund 800 ml Flüssigkeit verbleiben. Mit dem geseihten Zitronensaft und dem Gelierzucker aufkochen. In Gläser abfüllen. Schmeckt gut auf Gebäck, aber auch zu Braten, Terrinen und kaltem Aufschnitt.

PICEA, ABIES

MAIWIPFERL

Tannen oder Fichten, Rum oder Wodka – das ist hier die Frage.

Es geht jetzt um rein Medizinisches, wohlgemerkt. Denn die Natur, so pflegte meine eher hartgesottene Großmutter winters wie sommers zu sagen, sei die beste Apotheke. Sie zitierte damit Sebastian Kneipp, und der hatte immerhin bereits vor über hundert Jahren die segnenden Kräfte gepriesen, die Fichten und Tannen innewohnen, wenn es um Husten und Lungenkränkeleien geht.

Ja genau, Fichten und Tannen. Oder doch Fichten oder Tannen?

Spätestens im Mai, wenn die Nadelbäume frische Wipfel und Zipfel bekommen, wurde diese Frage schlagend. Denn das ist die Zeit, in der die „Maiwipferl", also die ganz jungen, noch weichen und hellgrünen Tannen- oder Fichtenspitzen geerntet und in den folgenden Wochen und Monaten in der warmen Sonnenzone des Fensterbretts mit reichlich Zuckerzugaben zu Maiwipferlsaft veredelt werden.

Der galt damals wie heute als eines der besten volksmedizinischen Hausmittel bei störrischen Katarrhen und Husten, da man ihm lockernde und lösende Wirkungen zuspricht. Doch während die einen die Fichte als Ideal der Hustenmedizin beschworen, priesen andere die Tanne als das Wahre.

Uns Kindern, die wir die Nutznießer dieser Debatte waren, da vergleichende Kräuterweiberstudien angestellt wurden, war der Disput zwischen den konkurrierenden Hausmedizinerinnen völlig egal. Wir stahlen den Sirup in kleinen Dosen, wo es nur ging und sobald das nur irgend möglich war.

Sowohl der Fichten- als auch der Tannenwipferlsirup sind Delikatessen für Naschkatzen, und dieser Versuchung unterlagen wir mehr oder weniger gewissensgeplagt, je nach Charakter. Als wir aber eines Tages entdeckten, dass wir mit diesen Missetaten nicht allein waren, ließen wir alle Schamgefühle kindlichen Kleinganoventums fahren: Wir ertappten den Großvater dabei, wie er heimlich ein Gläschen des guten, noch auf dem Fensterbrett seiner Vollendung entgegenreifenden Sirups abzwackte und sich mit spitzen Lippen und geschlossenen Augen daran gütlich tat wie Hans Huckebein am Likör.

Überhaupt schworen neben den Kräuterweibern auch die Männer allesamt auf den Maiwipferlsaft. Die stritten aber eher darüber, ob man den picksüßen Sirup besser mit Wodka oder doch mit Rum aufdoppeln und strecken möge, um zu innerer Wärme und seelischem Gleichgewicht zu gelangen. Schließlich wohne einem gesunden Leib ein gesunder Geist inne, zitierten sie den Römer Juvenal. Bei all dieser Klugrederei hielten wir Kinder es sicherheitshalber mit Donald Duck: „Die Wolken ziehn dahin, sie ziehn auch wieder her. Der Mensch lebt nur einmal, und dann nicht mehr."

Maiwipferlsirup

In ein Glas mit weiter Öffnung schichtet man lagenweise Maiwipferl und Kristallzucker, bis das Gefäß voll ist. Mit einer Zuckerschicht abschließen. Das Glas mit Zellophanfolie verschließen und mit einer Nähnadel ein Loch einstechen, sobald die Folie getrocknet ist.
Die Zucker-Wipferl-Mischung kommt sodann auf ein sonniges Fensterbrett. Dort bleibt sie mindestens vier Wochen, man kann den Sirup bis zu drei Monate reifen lassen. Abseihen und in Flaschen füllen. Was Ihnen besser schmeckt - die harzigere Tanne oder die etwas weniger aromatische Fichte - das müssen Sie selbst herausfinden. Unschlüssige können eine Cuvée aus beidem probieren.
Schmeckt nicht nur pur zur Hustenzeit, sondern auch in Tee, über Kuchen, Eis und mit etwas Wodka oder Rum gestreckt als seelenwärmender Hustenlikör.

MENTHA

MINZE

Was Minzesorten anlangt, so kann man ewig auf der Suche nach der richtigen lustwandeln.

In der griechischen Mythologie ist Menthe eine Nymphe, und zwar eine derart liebliche, aufdass Hades, der alte Finsterling, ihr verfällt. Und sie ihm, was wiederum des Hades Gattin Persephone so wenig schätzt, dass sie die liebliche Menthe, so ist es überliefert, zerstückelt und ihre Teilchen in das Minzekraut verwandelt, aufdass die arme Menthe in dieser Gestalt fortan von den Füßen aller getreten werde.

Warum der Gott der Unterwelt demgegenüber machtlos war und er diesen Racheakt seiner Angetrauten nicht verhinderte, lässt Rückschlüsse auf die brüchige Beschaffenheit des göttlichen Patriarchats zu. Zumindest aber bemühte er sich um den unübertrefflichen Duft, den Menthe als Kraut verströmen solle – und wenn schon nicht sie selbst, so haben doch wir davon sehr profitiert.

Denn auf irgendeine Art und Weise haben wir alle ein Verhältnis mit Menthe. Die Zuneigung beginnt im Kindesalter, wenn wir Minzebonbons lutschen, Spearmint-Kaugummi kauen und Omis Nach-fünf-Uhr-Süßgkeiten stibitzen – diese göttlichen Minzezuckerplättchen unter feinwelliger Schokoladenschicht.

Auch beginnen wir fast alle irgendwann ganz gern Minzetee zu trinken, manche von uns begehen später auch die Sünde, an Minzezigaretten Gefallen zu finden, und schließlich auch an mit Minze erheblich gewürzten Getränken wie dem kubanischen Mojito. Erwischt man zu viel von dieser geistreichen Angelegenheit, kann man die daraus resultierenden Kopfschmerzen anderntags mit auf die Schläfen getüpfeltem Minzeöl lindern.

Letzteres wird aus der wilden Form, der Ackerminze, gewonnen, die als Einzige rund um den Erdball vorkommt. Um ganz präzise zu sein: Das Öl stammt von der japanischen Varietät der Ackerminze *Mentha arvensis var. piperascens*. Und hier beginnt auch schon die Minze-Verwirrung. Es gibt an die dreißig Arten und Hunderte Sorten, die sich liebend gerne untereinander zu einem heillosen Durcheinander mischen, sodass sich nur ganz wenige hochspezialisierte Botanikgenies mit dieser komplizierten Familie wirklich auskennen.

Am besten, Sie kosten sich durch, denn die einzelnen Sorten schmecken höchst unterschiedlich. Ein paar Empfehlungen: Grüne Minze *Mentha spicata*, auch Spearmint genannt, eignet sich für die pikante Küche und würzt beispielsweise Lammbraten ausgezeichnet. Die Pfefferminze *Mentha x piperita* ist beliebt für Backwaren und Süßspeisen. Apfelminze wird als Tee geschätzt, Arabische oder Marokkanische Minze ebenso, Israelische Minze macht sich gut in Drinks, wohingegen die Korsische Minze als Bodendecker duftende Teppiche im Garten bildet.

Ob Wasserminze, Orangenminze, Schokominze, Limonenminze, Erdbeerminze, Kärntner Minze – suchen Sie sich die für Sie richtigen Sorten aus.

Apfel-Minze-Gelee

Möglichst saure Äpfel mitsamt der Schale und dem Kerngehäuse in gefällige Stücke von drei, vier Zentimetern Länge schneiden, in einen Topf werfen, so weit mit Wasser auffüllen, dass die oberen Stücke noch herausschauen. So lange kochen, bis sie zu zerfallen beginnen. Vom Herd nehmen und jetzt eine beliebige Menge frischer Minze grob zerkleinern und vorsichtig einrühren. Alles über Nacht ziehen lassen. Ein großes Sieb mit einem Tuch auslegen, den Saft abseihen. Pro Liter kommen - je nach Beschaffenheit der Äpfel - etwa 700 g Zucker dazu. Zehn Minuten kochen, Gelierprobe machen, abfüllen.

Minzesirup

Dieser Sirup kann wunderbar gelingen, wenn Sie die richtige, die kräftige Minzesorte verwenden, wie beispielsweise Spearmint. Haben Sie die falsche, wie etwa Schokolademinze oder andere sanftere Minzen, schmeckt er langweilig. Auf einen Liter Wasser kommen ein Kilogramm Zucker und der Saft einer Zitrone. Das Wasser aufkochen, die Minzeblätter (viele!) dazugeben, auskühlen und einen Tag ziehen lassen. Grünzeug entfernen, Flüssigkeit abseihen, mit dem Zucker und dem geseihten Zitronensaft kurz aufkochen und abfüllen. Eignet sich für kühle Sommerdrinks, aber auch als Basis für Sorbets.

Minzezucker

Fürs Überstäuben von allerlei: Getrocknete Minzeblätter mit Kristallzucker in den Mixer schmeißen und zu pudrig-feinem Minzestaubzucker verarbeiten, der Eis, Kuchen und anderen Süßspeisen eine gewisse Minzenote verpasst und in Glas oder Dose getrost monatelang aufbewahrt werden kann, ohne das Aroma zu verlieren.

Süßes Minzepesto

Ganz frische Minzeblätter werden im Mörser mit grobem Kristallzucker zu einer Art Minze-Zucker-Paste verrieben, mit der man diverse Süßspeisen, vor allem aber frisches Obst und Eis, veredeln kann. Wer mag, experimentiert mit der Zugabe von Zitronenmelisse oder auch - interessante Kombination - Basilikum. Mit ein bisschen Zitronensaft wird die Angelegenheit flüssiger und kann beispielsweise über Schokokuchen oder Schokopuddings geträufelt werden.

Schokominzeessig

So langweilig die Schokolademinze als Sirup schmeckt, so fein macht sie sich als Aromatisiererin von leichtem, eher süßem Essig wie beispielsweise weißem Balsamico. Drei, vier Minzestängel samt Blättern grob gehackt, in die Essigflasche gestopft und eine Woche darin belassen, dann abgeseiht, geben dem Ganzen eine frische, angenehme Note.

LEVISTICUM OFFICINALE

LIEBSTÖCKEL

Nicht nur für die Kräuterhexenidylle geeignet.

Über viele Jahre hinweg passierte mit meinem Liebstöckel im Gemüsegarten lediglich Folgendes: Im Frühsommer, bevor noch die großen, doldenförmigen und bis zu zwei Meter hohen Blüten erschienen, wurde eine nicht unerhebliche Menge seiner frischen, saftigen und äußerst aromatischen Blätter pflichtbewusst von mir geerntet. Sie wurden an ihren fleischigen Stengeln abgeschnitten, mit Gärtnerbast feinsäuberlich zu prachtvoll-dekorativen Büscheln gebunden und an der Holzwand der Gartenhütte in Schatten und Luftzug an einem alten Nagel zum Trocknen aufgehängt.

Das sah sehr schön aus. Das trocknende Liebstöckelkraut hatte etwas von diesem vorbildlichen Kräuterhexenambiente, das, in romantischen Gartenzeitschriften abgebildet, stets wie ein Menetekel der eigenen Unfähigkeit im Raum schwebt. Sieh her, scheinen diese Abbildungen idealer Schuppen und Kräuterlager den Nicht-Perfekten schnippisch zu bedeuten: Hier wurde geerntet, getrocknet, Vorrat angelegt, während du, Saumselige, einmal mehr den richtigen Zeitpunkt, den perfekten Mond, die ideale Sternenkonstellation verpasst und deine Kräuter nicht rechtzeitig eingebracht hast. Wie viele Jahre sollen noch vergehen, bevor du es endlich zu einer ähnlichen Idylle ländlichen Perfektionismus bringst?

Ich möchte mir an dieser Stelle psychologisierende Überlegungen Ihrerseits verbitten und in der Liebstöckelhistorie fortfahren: Nach dieser pflichtbewussten Ernte für die Suppen des Herbstes und des Winters wuchs sich das Kraut stets zu einer imposanten Prachtstaude aus, blühte kräftig und sank sodann über den Herbst in sich zusammen.

Was für eine Verschwendung! Denn eines Tages berichtete jemand von einem Liebstöckelpesto, das an Vortrefflichkeit von keinem anderen dieser Nuss-Öl-Kräuter-Gemische zu überbieten sei. Kaum vorstellbar. Wer die fast schon penetrante Intensität des wahrscheinlich aus Persien stammenden, aber auch hierzulande winterharten Liebstöckels kennt, wird meinen Zweifel verstehen. Nichtsdestotrotz musste der Versuch gewagt werden – so wie auch Sie das hoffentlich tun werden, denn dieses Pesto ist ein außergewöhnlich köstlicher Gaumenkitzel.

So sparsam ansonsten mit dem Liebstöckel hantiert werden muss, als Pesto kann man diesen kräftigen Doldenblütler in großen Mengen zur Anwendung bringen. Noch etwas: Erfreuen Sie sich erst optisch an der Blüte, dann zögern Sie nicht, auch die Samen zu ernten. Sie ersetzen zur Neige gehende Liebstöckeltrockenreserven und schmecken womöglich noch intensiver: Wer weiß, welch weiterführende Experimente noch möglich sind.

Liebstöckelpesto

Eine Handvoll frische Liebstöckelblätter hacken und mit einer Handvoll sehr fein gehackter Walnüsse samt Olivenöl und Salz zur gewohnten Pesto-Masse vermischen. Knoblauch braucht's in diesem Fall nicht, das wäre zu viel der Aromen. Geriebener Parmesan kann, muss aber nicht sein. Probieren Sie verschiedene Varianten durch. Das Olivenöl kann beispielsweise durch Kürbiskernöl ersetzt werden. Schmeckt zu Pasta, aber auch als Aufstrich auf geröstetem Brot oder zu Braten oder Kartoffelsuppe.

Liebstöckelöl

Recht fein geschnittene Liebstöckelblätter mit Olivenöl aufgießen und etwa eine Woche ziehen lassen. Abseihen und abfüllen. Schmeckt gut zu Kartoffeln und Kartoffelpüree, in Salaten, vor allem in Karottensalat. Man kann es auch zum Aromatisieren von Öl verwenden, in dem Fisch oder Fleisch gebraten werden soll.

LAVANDULA ANGUSTIFOLIA

ECHTER LAVENDEL

Nur der Echte Lavendel ist derjenige, nach dem man sich in olfaktorischer und kulinarischer Hinsicht umschauen soll.

Wenn hier von Lavendel die Rede ist, dann ausschließlich vom Echten Lavendel, *Lavandula angustifolia*. Das ist der, aus dem in Frankreich das berühmte Duftöl gewonnen wird. Lavendelmäßig herrscht nämlich eine große Verwirrung in Gärtnereien und Grünmärkten landauf, landab, seit diese nicht ganz unkomplizierte Pflanze auch in heimischen Gefilden so recht in Mode gekommen ist.

Der größte Verwirrer dabei ist natürlich der Französische Lavendel *Lavandula dentata*, von dem jede/r schon dem Namen nach annehmen wird, dass es sich gerade bei ihm um den „echten" Lavendel handle, wohingegen er doch nur eine hübsche Zierpflanze ist, die, wird sie nicht kühl drinnen überwintert, in frostigen Regionen draußen nicht einmal in milden Wintern eine Überlebenschance hat.

Schon näher kommen wir der Sache mit dem Breitblättrigen Lavendel *Lavandula latifolia*, der dem Echten Lavendel zwar stark ähnelt, jedoch verzweigte Blütenstände und weit weniger Aroma hat. Er wird auch Speiklavendel genannt und liefert das billigere und weniger duftende unter den Lavendelölen. Der Spanische Schopflavendel, so hübsch er auch aussehen mag, ist insofern kein Thema, als auch er unweigerlich zu Tode friert, wenn ein etwas kälterer Winter übers Land zieht.

Warum ich mich hier auf den Echten Lavendel kapriziere, hat also zwei Gründe: Er ist eben der einzige, der in unseren Breiten wirklich winterhart ist, wenn es gelegentlich auf 20 Grad minus friert, und man kann getrost behaupten, dass er eines der genügsamsten Gewächse ist, die man sich vorstellen kann, denn er gedeiht zumal in trockenen, kargen, nach Möglichkeit kalkigen Substraten. Und: Der „Echte" ist der bei Weitem würzigste unter den Lavendeln.

Den Echten Lavendel vermehrt man am besten folgendermaßen: Im Herbst einen Ast abbrechen und möglichst tief in die Erde stecken. Wächst praktisch immer an. Geschnitten wird er nach der Blüte, nie zu tief ins alte Holz, weil er daraus nicht mehr austreibt, aber doch so, dass er in buschig-dichter Form bleibt. Die Blüten sollten ohnehin geerntet werden, und warum, das ist den Rezepten zu entnehmen.

Lavendelhonig

Dieser Lavendelhonig ersetzt den unheimlich teuren und nur schwer erhältlichen Lavendel-Sortenhonig vollkommen. Genau genommen schmeckt er sogar lavendeliger als der von den Bienen ausschließlich aus dem Lavendelfeld in die Waben eingetragene. Geben Sie je nach Honigmenge eine ausreichende Anzahl getrockneter Lavendelblüten in ein selbst fabriziertes Gaze-Säckchen und versenken Sie dieses im Honig Ihrer Wahl. Nach spätestens zwei Wochen ist der gesamte Honig lavendelaromatisiert.

Lavendeleis

1 EL frische Lavendelblüten
5 EL Zucker
3 Eier
250 ml Schlagobers (Schlagsahne)

Die gerebelten Lavendelblüten mit dem Zucker und dem Eigelb zu einer sehr feinen Masse mixen und anschließend über Dampf schaumig schlagen. Beiseitestellen und etwas überkühlen lassen. Eiweiß zu einem sehr festen Schnee schlagen, das Schlagobers ebenfalls eher steif als flüssig schlagen. Letztendlich all diese köstlichen Ingredienzien mit dem Schneebesen vorsichtig zu einer homogenen Masse mischen, in eine geeignete Form füllen und in den Tiefkühler stecken.

Lavendelzucker

500 g Feinkristallzucker
1 Handvoll frische Lavendelblüten

Die gerebelten Lavendelblüten und den Feinkristallzucker in ein luftdicht verschließbares Gefäß füllen und über zwei Wochen gelegentlich durchrühren, ansonsten geschlossen halten. Dann ein paar Tage geöffnet lassen, damit der Zucker austrocknen kann. Abschließend im Mixer zu feinem Staubzucker verarbeiten und damit Kuchen, Gebäck, Sorbets etc. mit einem Hauch Lavendelaroma bestäuben. Diese Lavendelzuckervariante ist weit aromatischer als jene mit getrockneten Blüten.

ROSE

Nicht jeder ist der unverdrossenen Schönheit der Rose in den Abgründen seiner Seele gewachsen.

Irgendwann, meinte jemand unlängst in einem ungewohnten Anflug fast zärtlicher Offenheit, lande jeder Gärtner bei der Rose, auch wenn er sein Leben lang womöglich verächtlich auf die „Rosenzüchter" herabgeblickt habe. Vielleicht weil man die für die gewissermaßen selbstlos-zwecklose Hingabe an das einfach Schöne erforderliche Gelassenheit erst lernen muss?

Die Erfahrung, dass andere auf die scheinbar sinnlose Tätigkeit des Rosenliebhabens ein wenig verächtlich herabblicken, machen viele, aber wenn man die Rosenliebhaberei erst einmal verinnerlicht hat, kann einem derlei Kühlheit im Charakter anderer längst nichts mehr anhaben. Das ist ein angenehmer, erstrebenswerter Zustand.

Der beste Beweis für Weisheit, sagte Michel de Montaigne, sei beständig gute Laune, und er meinte weiters: „Wenn es dir gelingt, die innere Ruhe zu erobern, so hast du mehr getan als derjenige, der Städte und ganze Reiche erobert hat." Montaigne war selbst Gärtner. Was hätte der wohl Rosen gezogen, wären zu seiner Zeit, im 16. Jahrhundert, bereits die Chinarosen nach Europa gelangt und hätte das große Züchten der wunderbarsten Sorten bereits begonnen!

Warum jemand in seinem Garten keine Rosen haben mag, bleibt rätselhaft, und die Abgründe und Untiefen in den Psychen derer, die sich an der scheinbaren „Kitschigkeit" dieser prächtigsten aller Blumen stoßen, die Rosen schon allein deshalb ablehnen, weil so viele andere Rosen so schön finden, mögen wiederum andere ausloten. Mir ist meine Zeit dafür zu teuer. Ich verwende sie vielmehr dazu, meiner Rosenleidenschaft nachzugehen, und huldige jeder Einzelnen meiner Dutzenden Rosen, so lange es das Gartenjahr erlaubt. Manche von ihnen beginnen Ende Mai zu blühen, um monatelang nichts weiter zu tun, als mich mit ihrem Anblick zu erfreuen. Oftmals tatsächlich bis fast in den Winter hinein.

Mitten im November, im Nebel, im Altweibergespinst, nach den ersten herbstlichen Stürmen blühen die Rosen, treiben Knospen, tun, als wären sie nur dafür da: zu blühen, zu duften, schön zu sein, dann halt in drei Teufels Namen eine kleine Winterrast einzulegen, wenn's wirklich frostig wird. Aber nur, um bei der ersten sich bietenden Möglichkeit wieder loszublühen.

Wenn das nicht eine große Kunst, wenn das nicht der Sinn des Lebens überhaupt ist.

Rosenfarbenkomposition

Es gibt unzählige Rezepte dafür, was man mit Rosen alles anstellen kann. Konfekt lässt sich mit Rosen herstellen, Rosenzucker und vieles mehr. Diese Rosenküche ist etwas ganz Spezielles und füllt eigene Bücher. Doch noch eine wunderbare, geradezu magische und zu wenig besprochene Eigenschaft bringt die Rose mit sich: Ihre Farben sind untereinander mischbar, ohne sich gegenseitig zu beißen und schmerzlich ins Auge zu stechen. Das ist ein großes Talent. Binden Sie Rosa, Orange, Rot, Weiß, Creme, Gelb, Lila, alles, was Sie finden können, zu einem großen, fetten, üppigen Rosenstrauß und ergötzen Sie sich tagelang an diesem Anblick.

Rosensorbet

500 ml Wasser
ca. 15 EL Rosenwasser
400 g Zucker
1 Eiweiß
evtl. etwas Zitronensaft

Gut, wir wollen zumindest ein kleinwenig naschen an den Rosen, und dafür brauchen Sie entweder ein Destilliergerät, mit dem Sie selbst Rosenwasser, also Rosenhydrolat, herstellen. Oder Sie besorgen sich diese Zutat ausnahmsweise im Fachhandel. Der Rest funktioniert so:

Wasser mit dem Zucker fünf Minuten aufkochen und auskühlen lassen. Sodann mit dem Rosenwasser parfümieren. Das Eiweiß steif schlagen und unterziehen. Wer will, gibt auch etwas Zitronensaft dazu, doch das ist einmal mehr Geschmackssache. In der Eismaschine zu Sorbet verarbeiten. Schmeckt auch gut mit Champagner aufgegossen, muss aber nicht sein.

SAMBUCS

HOLUNDER

Säfte, Marmeladen und Chutneys lassen sich aus Holunder zubereiten – und es gibt ihn auch in Edelsorten.

Der schwarze Holunder ist eine der wunderbarsten Pflanzen überhaupt. Er geht praktisch von selbst so gut wie überall auf, wo Vögelein in flüchtigem Verweilen oder vielleicht sogar im Flug verdaute Hollerkerne hintanlassen. Mitunter wuchert er auch mit einer an Lästigkeit grenzenden Selbstverständlichkeit an Stellen, die man eigentlich lieber holunderfrei sähe, und er wächst mit einer Geschwindigkeit, die einem den Atem raubt. Kaum abgeschnitten, ist er schon wieder ein paar Meter hoch. Aber er sieht, was ja auch nie ein Fehler ist, eigentlich recht hübsch aus.

Und: Er ist von der Wurzel bis zur Blüte genieß- und verwertbar. Man kann im Frühling seine Blüten, im Herbst die verbleibenden Beeren essen, und aus seiner Rinde und den Früchten lassen sich für die Industrien wichtige schwarze, blaue und rote Farbstoffe destillieren. Außerdem, so sagen die, die sich auskennen, ist der Holler von unglaublich vielen gesunden Stoffen durchpulst – von Vitaminen und Radikalenfängern und so weiter, eine echte Heilpflanze eben.

Wahrscheinlich wird der Holler deshalb seit Jahrtausenden verehrt und als von Göttinnen bewohnt erachtet. Von Freya, der Schönen etwa, oder Holda, der Guten, die von den Grimm'schen Brüdern später ziemlich unverfroren zur Frau Holle umstilisiert wurde.

Apropos: Auch der Holler ist Verwandlungen unterworfen. Der Mensch will das so. Er will die Dinge veredeln und verbessern. Diverse Veredler in den USA, in Dänemark und am Österreichischen Bundesamt für Wein- und Obstbau haben dafür gesorgt, dass aus den unterschiedlichen natürlichen Holundervorkommen im Laufe weniger Jahrzehnte diverse Sorten entstanden, die deutlich unterschiedliche Charaktere aufweisen.

Die einen sind etwas kräftiger in der Säure und deswegen für Säfte geeigneter. Die anderen sind farbintensiver, die nächsten haben besonders große Dolden, und wieder andere reifen früher und fallen keinen Frösten zum Opfer.

Die international derzeit gängigste und beliebteste Sorte ist die österreichische „Haschberg“, die es seit 1965 gibt. Die meisten kommerziellen Holunderplantagen werden mit dieser Sorte angelegt, und die werden immer mehr, weil der Holler vor allem als Saft immer beliebter wird.

Wie man den kocht, erfahren Sie hier:

Holundersirup

30 Holunderblüten
3 l Wasser
40 g Zitronensäure
Saft von 6 Zitronen
3 kg Zucker

Die Holunderblüten in einer regenfreien, sonnigen Phase am besten zu Mittag ernten und in einen Eimer schichten. Sie sollen viel Blütenstaub haben und dürfen keinesfalls gewaschen werden. Schütteln Sie etwaiges Tierzeug vorsichtig aus. Mit dem Wasser aufgießen, die aufschwimmenden Blüten mit einem Teller beschweren und 24 bis 36 Stunden zugedeckt kühl stellen. Abseihen, die Zitronensäure, den geseihten Zitronensaft und den Zucker dazugeben, einmal ganz kurz aufkochen und sofort in Flaschen füllen. Macht sich besonders gut mit Mineralwasser aufgespritzt, in Sekt und Weißwein, man kann damit auch Sorbets zubereiten.

Holunder-Apfel-Chutney

200 g reife Holunderbeeren, gerebelt
200 g säuerliche Äpfel, geschält und in Stücken
1 Schalotte, in sehr dünne Viertelringe geschnitten
80 ml Balsamico
80 ml Wasser
Salz, Pfeffer, brauner Zucker nach Geschmack

Alle Zutaten vorsichtig erhitzen und etwa eine halbe Stunde zugedeckt köcheln lassen. Die Menge der Flüssigkeitszugaben hängt sehr stark von der Qualität der Äpfel ab. Ihr Gefühl sagt Ihnen, ob Sie richtig liegen. Das Chutney ist fertig gekocht, wenn die Schalottenringe sehr weich sind und mit den restlichen Zutaten gewissermaßen verschmelzen. In Gläser füllen, erst nach zwei Wochen verkosten. Schmeckt gut zu Braten, Reis, pikant gerösteten Gemüsegerichten, auch zu gebratenen Kürbisschnitzen empfehlenswert.

RHEUM RHABARBARUM

RHABARBER

Grün, rot-grün oder rot – jede Rhabarbersorte hat ihr eigenes Aroma, was man aber erst weiß, wenn es gelungen ist, sie aufzutreiben.

Wir Mitteleuropäer sind im Vergleich zu anderen Weltregionen noch rechte Rhabarberbarbaren, weil für die meisten von uns Rhabarber schlichtweg Rhabarber ist. Diese Pflanze eben, die riesengroß wird, wenn sie schön feucht und nicht zu sonnig und in fettem, gut gedüngtem Boden steht, und an der man aus in der Folge noch näher erläuterten Gründen nicht länger als bis spätestens Ende Juni naschen sollte.

In anderen Kulturkreisen kommt dem Rhabarber deutlich größere Aufmerksamkeit zu, man huldigt dort der Pflanze mit den großen und saftigen Blattstielen auch schon viel länger. Am allerlängsten etwa in China: Dort wurde der Rhabarber bereits vor zumindest 4.000 Jahren als Heilpflanze eingesetzt. Doch handelte es sich dabei um den Handlappigen Rhabarber oder Medizinalrhabarber *Rheum palmatum*, dessen Wurzeln in den alten chinesischen Schriften als äußerst abführend beschrieben wurden.

Damit wollen wir gar nicht viel zu tun haben, denn wir lieben den Rhabarber als Genussmittel, zumal seit der Zucker seinen Weg nach Europa gefunden und uns gelehrt hat, wie damit die Säure dieses Gemüses gemildert und veredelt werden kann.

Apropos Säure: Die Blattstiele des Rhabarbers sind an Vitaminen und Mineralstoffen reich, enthalten aber auch geringe Mengen Oxalsäure, die man nicht unbedingt im Übermaß zu sich nehmen sollte. In den Sommermonaten erhöht sich der Gehalt, weshalb man sagt, dass man ab dann das Rhabarberessen einstellen sollte. Das könnte allerdings eine starke, traditionell ohne großes Nachdenken weitergegebene Übertreibung sein, wie neuere relativierende Untersuchungen erfreulicherweise offenbaren.

Doch zum Wesentlichen – zu den Sorten: Hierzulande sind nur wenige bekannt, obwohl es vor allem in den angelsächsischen Ländern Dutzende gibt. Die Faustregel, rot bedeute süß, stimmt übrigens meistens, aber nicht immer, die Sorten variieren in Größe, Farbe, Süße aufs Munterste. Die bekannteste Sorte ist „Red Valentine“, deren Farbe Sie sich ausmalen können, deren Geschmack sehr mild ist und die als der „Gourmet-Rhabarber“ gilt. Grünstielig und etwas rescher im Geschmack ist die Sorte „Viktoria“. Eine gemischt rot-grüne Sorte ist der Rhabarber „Himbeerrot“.

Am besten alle ausprobieren und vergleichen. Und die Gemüsehändler stets nach den Sorten fragen, die sie verkaufen, um damit pädagogisch-lästig an der Verbreitung und Wertschätzung der Sortenvielfalt mitzuwirken.

Rhabarbercreme

800 g Rhabarberstängel
500 g Zucker

Die Rhabarberstängel schälen und in äußerst feine Würfelchen schneiden. Die Würfel sollten im Schnitt eine Seitenlänge von nicht mehr als 5 Millimeter haben. Üben Sie sich also in Geduld, hören Sie sich was Nettes im Radio an. Dann die Prachtwürfelchen, die Sie vorbildlich produziert haben, mit dem Zucker versetzen und die nächsten 24 Stunden immer wieder umrühren, bis sich sehr viel Saft gebildet hat. Dieser wird abgeseiht und fünf Minuten sprudelnd gekocht, dann abgefüllt. Die Rhabarbercreme hat im Idealfall abgekühlt die Konsistenz sehr dicken Honigs und schmeckt auf Brot, Eis, Kuchen - kurzum zu allem, was einen süß-säuerlichen Begleiter verträgt.

PRUNUS AVIUM

KIRSCHE

Kirschbäume können zu den wichtigsten Persönlichkeiten im Leben junger Menschen zählen.

An jenem Tag, an dem der alte Kirschbaum im Garten meiner Kindheit endgültig den Geist aufgab und gefällt werden musste, ging, vom Rest der Menschheit natürlich unbemerkt, eine Epoche zu Ende. Nur mit einem einzigen anderen Baum hatte ich ein derart inniges und langjähriges Verhältnis gepflogen wie mit der schönen alten Knorpelkirsche, und das war der Nussbaum, auf dem ein Baumhaus saß wie ein überdimensioniertes kantiges Raubvogelnest.

Diese beiden Bäume waren wichtige Persönlichkeiten in der Zeit meiner Menschwerdung. Der eine gab mir Unterschlupf, der andere Nahrung. Die Zeit, die ich im Laufe der Jahre in ihrem Geäst verbracht habe, muss in die Monate gehen. So ein Baum ist wie eine Wohnung mit Zimmern und Balkonen. Manchmal stellt die Zeit die Möbel um. Dann geht ein wichtiger Ast verloren und es muss ein neuer Pfad gefunden werden, um von einem Raum zum anderen zu gelangen.

Der alte Kirschbaum hatte über die Jahre einen Ast nach dem anderen verloren. Er war immer kleiner und magerer geworden. Er blutete aus nie verheilen wollenden Wunden. Doch an den wenigen Ästen, die er noch hatte, trug er Jahr für Jahr verlässlich kiloweise die köstlichsten Kirschen. Als er schließlich von uns gegangen war, wurde sofort ein neuer Kirschbaum organisiert, aber aus Gründen der Pietät an anderer Stelle gepflanzt.

Jahrelang trug der gar nichts. Man übte sich in Geduld. Als er schließlich sechs Meter hoch und immer noch kirschlos war, wurde im Familienrat wehmütig des alten Baumes gedacht, der selbst im Elend des Alters noch fruchtbar gewesen war, während dieser kräftige Fruchtverweigerer in der Blüte seiner Jugend zu gar nichts nutze sei. Ein Jahr, so wurde beschlossen, würde man ihm noch Zeit geben, sich eines Besseren zu besinnen und Früchte zu produzieren. Andernfalls: Kettensäge.

Sicherheitshalber hatte ich noch vor Ende der Frist zwei weitere Kirschbäume gepflanzt, denn ganz kirschlos will der rurale Mensch auf Dauer nicht sein, auch wenn sich das Bäumekraxeln irgendwann doch aufhört. Der nächste Frühling brachte die Kirschblüte, und – hoppla! – der Kirschenverweigerer stand plötzlich in voller Frucht da.

Der war nur einsam gewesen, wie ich heute weiß. Denn viele Kirschsorten sind erstens selbst-unfruchtbar, und zudem können sich nicht alle Sorten gegenseitig befruchten. Was die Kirsche also braucht, ist die richtige Befruchtersorte in ihrer Umgebung. Dann ist auch für die nächste Klettergeneration vorgesorgt. Erkundigen Sie sich, gustieren Sie im Angebot Dutzender interessanter Sorten, bevor Sie einen Baum pflanzen, und achten Sie darauf, dass er irgendwo in der Nähe das richtige Gegenüber hat.

Kirschengelee

Viele Leute mögen Kirschenmarmelade nicht und behaupten, sie wäre langweilig. Vielleicht sollten sie der Kirsche noch eine Chance geben und dieses an Einfachheit unüberbietbare Gelee versuchen - eine der ganz wenigen Rezepturen, in der ich Gelierzucker dulde. Sie stellen mittels Dampfentsafter ohne Zucker Kirschensaft her. Pro Liter Saft, der ein bisschen überkühlt sein sollte, ein halbes Kilogramm Gelierzucker 2:1 einrühren, aufkochen, Gelierprobe machen und abfüllen. Ich kenne Leute, die löffeln ganze Gläser davon binnen weniger Minuten leer.

RUMEX ACETOSA VAR. HORTENSIS, RUMEX SANGUINEUS

SAUERAMPFER, BLUTAMPFER

Ob roh verzehrt oder zu feinen Sößchen verarbeitet: Der Ampfer ist eine Bereicherung der Küche in allen Lebensaltern.

Ich darf mit Fug und Recht behaupten, der Sauerampfer sei der wilde Salat meiner Kindheit gewesen, denn da ich mich ständig an den Ufern von Bächen und Fischteichen herumtrieb, statt sittsam hinter Büchern zu sitzen oder mit den Utensilien einer behüteten Kindheit zu spielen, war er stets zur Hand. Ich muss damals Unmengen an Sauerampfer in mich hineingestopft haben, und nie wurde mir schlecht davon. Wahrscheinlich weil ich auch genug anderes Zeug aß, das auf den Wiesen herumlag und am Wegesrand wuchs. Ich war abgehärtet.

Der Sauerampfer war, neben den säuerlichen Äpfeln, den Himbeeren und den Brombeeren, das Beste. Lange Zeit ging er mir wirklich ab. Denn irgendwann erreicht man dummerweise ein Alter, in dem man keine Muße mehr hat, stundenlang an Forellenwassern zu sitzen, den Bienen zuzuhören, die Wasser in ihr Nest eintragenden Hornissen zu beobachten, wie sie kleine, sich lautlos kreisförmig ausbreitende Tüpfel in das Teichwasser stechen. Man erreicht eine Phase, in der man, statt Dämme zu bauen und nebenbei Sauerampfer zu mampfen, in stickigen Büros hockt zum Zwecke des Geldverdienens.

Das ist prinzipiell ein Fehler und dem grundlegenden Thema dieses Buches zuwiderlaufend, jedoch an dieser Stelle unmöglich im Detail aufzulösen. Außerdem wissen Sie ohnehin, was ich meine. Eines wunderbaren Tages aber wurde ich für die ampferlose Zeit entschädigt: Ich entdeckte in einem Gartenbaugeschäft zwei kultivierte Formen des Ampfers. Ich erwarb sie augenblicklich und trug sie in kleinen Töpfen zu mir nach Hause, wo ich sogleich ein wie in alten Zeiten mit dem Daumennagel abgezwicktes Blatt des Gartensauerampfers *Rumex acetosa var. hortensis* in meinen Mund stopfte.

Nicht schlecht. Nicht ganz so säuerlich wie die schmäleren, härteren und wesentlich kleineren Blätter des Wilden Sauerampfers, jedoch überraschend authentisch im Geschmack. Der zweite Ampfer war ein Blutampfer *Rumex sanguineus* – sehr schön anzusehen mit seinen dunkelroten Adern auf hellgrünen Blättern. Der schmeckte auch nicht übel, ein wenig härter zwar und nicht ganz so säuerlich, aber ebenfalls nicht unaromatisch.

Zwischenzeitlich weiß ich, dass ich unbedingt noch den Römischen oder Französischen Schildampfer *Rumex scutatus* probieren muss und dass auch der Gemüseampfer oder Ewige Spinat *Rumex patienta* meiner Verkostung harrt. Herrlich, diese Ampfervielfalt meiner mittleren Jahre.

Sauerampfersauce

Diese hier gehört auf jeden Fall ganz frisch zu gegrilltem oder gebratenem Fisch serviert oder über pochierte Eier geträufelt. Wie man ihre Farbe ein wenig aufmotzen könnte, habe ich noch nicht herausgefunden, aber das macht nichts, der säuerlich-pikante Geschmack entschädigt für alles.

Die Sauerampferblätter werden links und rechts der kräftigen Hauptblattader, die nichts in diesem feinen Sößchen zu suchen hat, abgerissen oder abgeschnitten und in heiße Butter geworfen. Darin lösen sie sich unter ständigem Rühren binnen kürzester Zeit praktisch auf und bilden eine sämige Sauce, der jetzt nur noch eines fehlt: ein wenig Salz.

Sauerampferpesto

Keine schlechte Idee ist es auch, aus dem kräftigen Ampfer ein Pesto zuzubereiten. In diesem Fall verwendet man ihn allerdings eher grob gehackt als im Cutter niedergemixt.
Eine Handvoll Pinienkerne gut ins Braune gehend rösten und dann hacken, anstelle des üblichen Parmesans einen alten Pecorino dazureiben und ein gutes Büschel Sauerampfer ohne die Mittelrippe nicht zu fein hacken. Alles mit einem guten Olivenöl mischen und wenn nicht zu Pasta, dann beispielsweise zu fein gebratenem Schweinslungenbraten servieren, um nur eine der unendlich vielen Einsatzmöglichkeiten herauszugreifen.

SOMMER

FRAGARIA

ERDBEERE

Mieze, Julietta, Charlotte und all die anderen. Über die verzweigte Sippschaft der Erdbeeren.

Gerade an der Erdbeerpflanze lässt sich wunderbar ablesen, welch Auswirkung ein Übermaß an Zucht und Ordnung auf Individuen haben kann. Verheerende nämlich. Die Erdbeeren wurden in den letzten Jahrzehnten von Züchtern so lange zur Disziplin erzogen, dass sich die vormals so geschmackvollen Früchte zu außen zwar noch roten, innen jedoch weitestgehend geschmacksentleerten Nichtsen entwickelten. Diese kleinen roten, wie Erdbeeren aussehenden Wasserbehältnisse kann der Erdbeerproduzent zwar vergleichsweise lange lagern und um die halbe Welt transportieren. Doch wer so etwas kauft, tut weder seinen Geschmackspapillen noch diesem Globus einen Gefallen.

Außerdem tut so etwas ohnehin nicht, wer jemals eine wirkliche Erdbeere gekostet und deren noch sonnenwarmes Aroma eingesogen hat. Unvergleichlich. Vielleicht hat geradezu aus Protest gegen die kommerzielle Erdbeergeschmacklosigkeit in den vergangenen Jahren ein erfreulicher Gartenerdbeer-Aufschwung eingesetzt, gewissermaßen eine private Gegenbewegung der Gärtnerinnen und Gärtner, und auch mancher Züchter, die sich diesen herrlichen Geschmack nicht nehmen lassen wollen. Denn er zählt zweifelsfrei zum Besten, was die Natur zu bieten hat.

Wie sonst wäre die wiederkehrende Vielfalt an Sorten in den Erdbeerpflanzenregalen der Grünmärkte zu erklären? Und wie es sich unter Gärtnern gehört, herrscht natürlich eine rege Debatte darüber, welche nun die allerbeste, allerschönste und anbetungswürdigste Erdbeersorte von allen sei. „Die Walderdbeere *Fragaria vesca*!“, werden sogleich die Fundamentalisten schreien, und dem ist wenig entgegenzusetzen, die ist tatsächlich einzig.

Denn die Gartenerdbeere *Fragaria x ananassa* ist nur entfernt mit ihr verwandt. Die Walderdbeere ist nicht deren Wildform. Sie stammt aus einer anderen Sippe und ist vielmehr die Kreuzung zwischen den amerikanischen Chile- und Scharlach-Erdbeeren *Fragaria chiloensis* und *Fragaria virginiana*.

Doch gibt es eine Menge Gartenerdbeeren, die ihr fast das Wasser reichen können. Welche Sorte die beste sei, muss jeder für sich selbst herausfinden, und neben Geschmack und Aroma gibt es noch ein paar weitere beachtenswerte Parameter, bevor Sie sich entscheiden: Leute mit wenig Platz werden in Schalen gezogene Hängeerdbeeren oder Klettererdbeeren bevorzugen. Im Beet kann man sich zwischen dauertragenden, kleinfrüchtigen Monatserdbeeren entscheiden, zwischen früh-, mittel- und spättragenden Sorten und schließlich solchen mit mehreren Ernteschüben pro Saison. Vorher gut recherchieren und gustieren, nachher genießen – nur das kann die Devise in Sachen Erdbeergenuss sein.

Hexenschaum

Diese magische Speise funktioniert nach der reinen Lehre der Hexenküche nur mit echten wilden Walderdbeeren. Schreiten Sie also in den Forst, wo die kleinen Aromariesen wachsen, und pflücken Sie möglichst große Mengen davon. Die Walderdbeeren werden gemixt und unter gesüßtes Schlagobers gezogen, welchselbiges weiter nördlich von hier als Schlagsahne bekannt ist. Der Hexenschaum besticht durch eine fast widernatürliche grelle Rotfärbung und durch eine Geschmackspotenzierung, die das Fett der Sahne offenbar mit dem Walderdbeeraroma anstellt. Ersatzweise kann man - natürlich - auch Erdbeersorten mit Walderdbeergeschmack verwenden, wie „Mara de Bois", „Charlotte" oder „Mignonette".

Französischer Erdbeerlikör

500 g vollreife Erdbeeren
300 g Zucker
1 Vanilleschote
1 l Wodka oder weißer Rum

Alle Zutaten in ein großes Glasgefäß füllen, mit Zellophan verschließen, dieses mit einer Nähnadel einmal durchlöchern, und das Ganze für etwa sechs Wochen auf der Fensterbank in die Sonne stellen. Gelegentlich durch gemäßigtes Schütteln innere Turbulenzen erzeugen. Den Glasinhalt zu guter Letzt durch einen Seidenstrumpf abseihen und in gefällige Fläschchen füllen. Manche Leute setzen diesen Likör auch mit einem Hauch Zitronen- oder Limettenschale an. Süffeln Sie sich einfach durch.

Balsamicoerdbeeren

Auch wenn Sie diesen kleinen Kunstgriff der Aromabeförderung von Erdbeeren schon kennen, sollte man ihn den anderen, die ihn noch nie ausprobiert haben, nicht vorenthalten: Geben Sie zu frischen Erdbeeren - geht es nach meinem Geschmack, so sind das immer die mit dem Walderdbeeraroma - einen Schuss Balsamico und eine gute Prise sehr grob gemahlenen Pfeffers und probieren Sie die Angelegenheit dann einmal. Nicht schlecht, was?

TROPAEOLUM MAJUS

KAPUZINER-KRESSE

Immer gut ausschütteln, denn es könnten noch mitnaschende Kreaturen in den Kapuzinerkresseblüten versteckt sein.

Das Beste an der Kapuzinerkresse sind die frisch gepflückten und sogleich in den Mund gesteckten Blüten. Die schmecken so pfeffrig-scharf, dass es mitunter kleine Geschmacksexplosionen geben kann, die einem das Wasser in die Augen treiben. Aus langjähriger Erfahrung mit dem Kapuzinerkresseblütenessen gleich im Garten lassen Sie sich sagen, dass es anzuraten ist, die Blüte vor dem Abgang in den Schlund durch leichtes Schütteln gegen den Erdboden hin von Bienen und anderen naschenden Fluginsekten zu befreien, denn wir sind nicht die Einzigen, die Kapuzinerkresseblüten mögen.

Nicht zuletzt aus diesem Grund ist die Kapuzinerkresse die ideale Begleit- und Bodendeckerpflanze im Gemüsegarten. Sie wird traditionell zwischen Pflanzen gesetzt, die gerne von der Weißen Fliege heimgesucht werden, um diese von den Nutzpflanzen Richtung Kresse abzulenken. Sie umrahmt den Kartoffelacker, wuchert zwischen Maispflanzen und hält allerorts den Erdboden schön feucht und bedeckt.

Auch für das Auge ist diese Pflanze wie gemacht: Prachtvolles, stets an Säuberlichkeit nicht zu überbietendes Laubwerk, das mit dem geheimnisvollen flüssigkeitsabperlenden und schmutzauflösenden Lotuseffekt gesegnet scheint, den man sich lückenlos für sein Heim, aber auch für die gesamte Oberfläche seiner Kleinkinder wünscht. Die Blüten der Kapuzinerkresse sind in vielerlei Spielarten zu haben: von reinem Cremeweiß über Dottergelb bis Dunkelrot und in allen gescheckten Mischformen.

Geschmacklich variieren die einzelnen Sorten ebenfalls, soweit ich das, die ich mich natürlich noch nicht durch das gesamte Spektrum der vielen Kapuzinerkressesorten durchgekostet habe, beurteilen kann. Manche schmecken pfeffriger, andere wieder süßer. Wie immer lautet die Devise: Durchkosten!

Die Kapuzinerkresse stammt aus Mittel- und Südamerika, sie ist dort jedoch nicht im Dschungel, sondern im Gebirge, an den Rändern von Bächen und auf feuchten Wiesen beheimatet. Das erklärt auch, warum sie allzu große Hitze nicht mag und im Hochsommer oft Wachstum und Blüte fast einstellt. Sie mag es feucht und kühl und fährt, zumindest in meinem Garten, gerade in Spätsommer und Herbst zur Hochform auf.

Probieren Sie nicht nur die Blüten und jungen Blätter, beißen Sie auch gelegentlich in die noch nicht ausgehärteten Samen. Alle Pflanzenteile können verzehrt werden, und zwar das ganze Gartenjahr über. Wenn Sie Glück haben, streut sich die Kapuzinerkresse selbst wieder aus. Wer dieses Risiko nicht eingehen will, sammelt die reifen Samen, wirft sie im Frühling einfach in die Erde und beginnt schon wenige Wochen später erneut mit der Ernte.

Kapuzinerkressesalat

Eine sehr einfache Art der Konsumption: Mischen Sie die geschnittenen jungen Blätter der Kapuzinerkresse unter jegliche Salate, die Ihnen zwischen die Finger kommen. Die Blüten kommen zum Schluss dazu, denn sie dienen selbstredend auch der Verzierung dieser pfeffrig-peppig-erfrischenden Angelegenheit.

Kapuzinerkressebutter

Für eine besondere Kräuterbutter, die ganz ausgezeichnet zu gebratenem, gegrilltem Fisch oder zu Steaks passt, rühren Sie einen Block raumtemperierter Butter weich, geben etwas Salz, grob gestoßenen Pfeffer, einen Hauch Zitronensaft und eine ansehnliche Menge fein geschnittener Kapuzinerkresseblätter dazu. Die Kapuzinerkressebutter lässt sich zu Rollen formen und einfrieren. Im Falle des Bedarfs einfach Scheiben abschneiden und Fisch oder Steak damit garnieren.

JUGLANS REGIA

WALNUSS

Nicht nur im Herbst soll man sie ernten, die Vielseitigste von allen.

Dass man mit geriebenen Walnusskernen in Herbst und Winter ausgezeichnete Kekse und Kuchen herstellen kann, darf als Allgemeinwissen vorausgesetzt werden. Auch dass diese an diversen belebenden und gesundheitsfördernden Stoffen reichen Samen zudem ausgesprochen fett und kalorienhaltig und dementsprechend, wie alles wirklich Sündige, wohlschmeckend und ab einem gewissen Alter und Äquatorumfang nur in Maßen zu genießen sind.

Wie gut, dass es zu diesen diätetischen Entgleisungen Alternativen gibt. Die erste davon pflegte mein Urgroßvater alljährlich ab dem Johannistag am 24. Juni mit Bedacht und großer Sorgfalt in bauchigen Glasgefäßen anzusetzen und über die kommenden Monate in der Sonne der Fensterbank aufmerksam zu bewachen. Der Nussschnaps, wie er genannt wird, ist tatsächlich ein Nusslikör, und seine Rezeptur wurde von Generation zu Generation weitergegeben. Wer weiß, wie tief in der Vergangenheit ihre Wurzeln liegen und von wem sie der Urgroßvater seinerzeit abschaute? Schade, dass man nicht in die Historie reisen kann. Während andere gerne den Griechen beim Philosophieren oder den Pharaonen beim Pyramidenbauen zuschauen würden, hätte ich gern meinen Ahnen beim Nussschnapsansetzen über die Schultern geblickt.

Dieses Nussschnapsrezept-Weitergeben kommt freilich in vielen Familien vor, aber für diejenigen, die ohne nussschnapsbegeisterte Ahnen aufwuchsen, sei die Rezeptur hier verraten. Wir sind ja nicht so. Der Urgroßvater – und auch das dürfte nicht nur in dieser Familie vorgekommen sein – schwor selbstverständlich auf die innerlich heilenden und pflegenden Wirkungen, die so ein guter Nussschnaps auf den Leib unweigerlich ausübe. Bei sehr regelmäßigem Genuss in entsprechenden Dosierungen, versteht sich.

Tatsächlich ist der beste Nussschnaps derjenige, der mindestens ein Jahr, besser noch zwei Jahre abgeseiht und kühl und dunkel gelagert reifen durfte. Damit dieses Rad in Bewegung kommt, müssen Sie entweder im allerersten Jahr Ihrer Nussschnapsproduzentenkarriere die doppelte bis dreifache erforderliche Menge herstellen oder sich anfangs doch sehr gedulden mit dem Verkosten.

Mit den Johannisnüssen verhält es sich entspannter, die gehören ohnehin binnen Jahresfrist weggegessen. Probieren Sie am besten beides.

Nussschnaps „Swoboda"

40 Johannisnüsse (am 24. Juni geerntete grüne Nüsse)
1 l Korn oder Wodka
1 l destilliertes Wasser
1 kg brauner Kandiszucker
einige Scheibchen Ingwer
2 EL Kalmuswurzel (aus der Apotheke)
einige Muskatblüten
10 Gewürznelken
1 TL Wermutkraut (aus der Apotheke)
2 Stück Zimtrinde
Schale einer Orange und einer Zitrone, beide unbehandelt

Alle Zutaten in einem großen, mit Zellophan (der Folie sollten Sie sicherheitshalber mit einer Nähnadel ein winziges Löchlein zufügen) verschlossenen Glasgefäß bis Ende August auf dem sonnigen Fensterbrett gut durchziehen lassen. Den Glasinhalt durch gelegentliches sanftes Schütteln ein wenig mischen. Abseihen, abfüllen, im Idealfall erst im Folgejahr konsumieren.

Schwarze Johannisnüsse

50 Johannisnüsse (am 24. Juni geerntete grüne Nüsse)
250 g Zucker
Sud:
1,5 kg brauner Zucker
Schale einer Orange und einer Zitrone, beide unbehandelt

Die Nüsse jeweils viermal einstechen, am besten mit Rouladenspießen oder anderen mittelfeinen Nadeln. Dann für die kommenden zwei Wochen in kaltes Wasser legen, wobei dieses täglich gewechselt werden muss.
Sobald die Prozedur beendet ist, werden zwei Liter Wasser mit dem Zucker aufgekocht, die Nüsse hineingeworfen und acht bis zehn Minuten sanft gekocht. Die Nüsse abseihen und abermals in kaltes Wasser legen, bis sie ausgekühlt sind.
Jetzt wird der Sud zubereitet, in dem die Nüsse reifen werden: Drei Liter Wasser mit dem braunen Zucker, der Orangen- und Zitronenschale aufkochen - wer es mag, gibt auch Zimtrinde und Gewürznelken dazu - und heiß über die abgeseihten, abgekühlten Nüsse gießen. Über Nacht im Sud abkühlen lassen.
Diese Prozedur wird danach noch zweimal wiederholt. Im allerletzten Durchgang wird der Sud mitsamt den darin befindlichen Nüssen auf- und gegebenenfalls etwas eingekocht, bis er dicklich-sirupartig ist. In Gläser füllen und dunkel lagern. Erst nach ein paar Wochen des Durchziehens verkosten. Schmeckt zu Wild, Braten oder reifem Käse.

DUFTPELARGONIE

Zwar ein wenig exaltiert, aber auf jeden Fall eine Spielerei wert ist das Kandieren der Blätter dieser Dufte-Pflanzen.

Ich bekenne, dass ich nur zu auserwählten Gelegenheiten der Beschäftigung des Duftpelargonienblätterkandierens nachgehe. Ich möchte keine Missverständnisse aufkommen lassen: Mein Leben war auch vor der Entdeckung der austrocknenden Eigenschaften interessanter Substanzen wie Gummiarabikum oder Eischnee in Kombination mit Zucker kaum je langweilig.

Dennoch sollte man, wie ich finde, zumindest einmal in seinem Leben ein wenig Zeit darin investieren, die Blätter und Blüten geeigneter Pflanzen in jenen aufregenden Zustand süßer Kristallisation zu bringen, den das Kandieren zur Folge hat. Wie gefroren wirken die Resultate dieser Fingerübung, und gerade die Duftpelargonienblätter sind das ideale Rohmaterial für Anfänger und Einsteiger in diese eher selten ausgeübte und fast in Vergessenheit geratenen Disziplin. Denn sie sind handlich groß und entsprechend robust. Wer mit Duftpelargonienblättern beginnt, wird niemals scheitern in seiner Karriere als Pflanzenkandierer.

Welche der unzähligen Duftpelargoniensorten Sie für dieses Experiment erwählen, bleibt Ihnen und Ihrer Nase überlassen. Es gibt rund 200 davon, und man kann davon ausgehen, dass da wohl die eine oder andere dabei sein dürfte, die Ihr Wohlgefallen findet. Die Blätter dieser Pflanzen, deren Urformen aus Südafrika stammen und zur Familie der Storchschnabelgewächse gehören, duften nach Zitrone oder Orange, nach Rosen oder Kiefern, nach Pfefferminze oder Äpfeln. Jedes Jahr kommen neue Züchtungen auf den Markt, die eigentlich immer besser und interessanter werden. Mitunter sind die Duftpelargonien auch als Duftgeranien im Handel, was botanisch allerdings falsch ist.

So unterschiedlich wie die Düfte sind auch Blattformen, Größe und Wuchs sowie die Blütenfarben, die von Weiß über Rosa bis Dunkellila variieren. Die Pflanzen werden in nicht zu großen Töpfen gezogen, damit sie im Winter hereingeholt und kühl gestellt werden können, denn frosttauglich sind sie natürlich nicht. Damit ihre Blätter sommers in der vollen Sonne, in der sie am liebsten stehen, einen besonders intensiven Duft entwickeln, sollte man sie auf keinen Fall zu reichlich gießen und auch nicht zu oft düngen. Sie danken die magere Dürre sozusagen mit gesteigerter Ausdünstung.

Am Höhepunkt ihrer Duftigkeit müssen Sie zur Tat schreiten und die prächtigsten Blätter abschneiden. Das halten die locker aus. Und Sie haben später echt angeberische Dufte-Deko-Elemente für Kuchen, Torten, Eisbecher & Co. Oder zumindest einen Nachmittag lang das Gefühl, ein wenig verrückt zu sein.

Kandierte Duftpelargonienblätter

Man kann mit Eischnee hantieren, in den man die Blätter eintaucht, um sie dann mit feinem Kristallzucker zu überstreuen und auf Backpapier oder Ähnlichem trocknen zu lassen. Die bessere Methode ist aber meines Erachtens das sorgfältige Bepinseln der Blätter von allen Seiten und hinab in alle Schrunden mit einer Gummiarabikum-Lösung (siehe kandierte Veilchen, S. 12 f.). Dann anzuckern und trocknen.

RIBISEL / JOHANNISBEERE

Zwischen den Ribiselstauden hat sich schon oft entschieden, ob kleine Leute Gartenmenschen werden oder nicht.

Wie verhält es sich mit Ihrer persönlichen Ribisel-Erinnerung? Zu welcher Ribiselgruppe gehören Sie? Zu jener, für die ein Garten und die Arbeit darin bis heute wenig mehr als eine Vision des Grauens darstellt? Gehören Sie zu jenen, die niemals auf den Gedanken kämen, einer zu bearbeitenden Erdkrume freiwillig auch nur einen Finger zu nähern? Wozu Garten? Gibt ja alles in der Gemüseabteilung im Supermarkt. Sauberen, erdkrumenfreien Fingers kann man es dort erwerben, selbstverständlich bis hin zu den Johannisbeeren in nett abgepackten Kistchen.

Auch wenn dies Ihre beklagenswerte Einstellung ist, muss Ihnen vergeben werden, denn an Ihnen haben Ihre Eltern mit großer Wahrscheinlichkeit das bis in die 60er- und 70er-Jahre weit verbreitete Verbrechen des Ribiselpflücken-Schickens verübt.

Sie mussten damals, an wundervollen heißen Frühsommertagen, gleich zu Beginn der Sommerferien, während praktisch alle Ihre Freundinnen und Freunde unter einem makellosen Himmel fröhlich den lokalen Freibädern zuhüpften, mit Töpfen und Eimern zu den Johannisbeeren ausrücken. Im schlimmsten Fall standen Sie allein vor den unendlichen Weiten gleich mehrerer Ribiselstaudenzeilen. Jede von ihnen tief zu Boden geneigt von der Last Tausender, Hunderttausender, wie sich nach mehrstündiger Plackerei jedoch unweigerlich herausstellte, tatsächlich in die Milliarden und Abermilliarden gehender winzig kleiner Beeren. Wie winzig, das weiß man erst nach dem ersten Kilo.

Marillen oder Pfirsiche zu pflücken wird dagegen zum Vergnügen. Weichselernten schrammt schon am Rande des Widerlichen. Aber nichts, absolut nichts in Sachen Ernte kommt auch nur annähernd an die Mühsal und an das Elend des einsamen „Ribiselbrockens" heran. Die Ernte von Safranfäden gegebenenfalls, aber hier fehlt mir der Erfahrungswert.

Es gibt jedoch neben den bedauernswerten Ribiselgeschädigten auch noch die anderen. Die mussten nicht, die durften ernten. Die saßen unter den Schatten spendenden Stauden, fraßen göttlichen Ribiselkuchen – den mit dem süßen Knistereischnee über der säuerlichen Ribiselschicht, was bis heute eine unschlagbare Kombination ist –, klaubten gelegentlich die eine oder andere Ribisel in den Weidling und hörten ansonsten ihren Omis oder Müttern, vielleicht auch ihren Opapas und Vätern beim Märchen- und Geschichtenerzählen zu. Und das können gar kostbare Juwelen im sammetausgeschlagenen Kästchen der Erinnerungen sein.

Kurzum: Zwingen Sie Ihre Brut von mir aus zum Rasenmähen und Holzschlichten – aber niemals zum Ribiselpflücken.

Ribiselmarmelade

1 kg geputzte rote Ribiseln (Johannisbeeren)
700 g Feinkristallzucker
1 Zitrone

Die Ribiseln mit dem Zucker und dem Saft der Zitrone vorsichtig erhitzen, einmal aufkochen lassen, zugedeckt über Nacht kühl stellen.
Am nächsten Tag noch kalt durch die Flotte Lotte drehen, acht bis zehn Minuten sprudelnd kochen lassen, immer wieder Gelierprobe machen, in Gläser abfüllen.

Ribiselschnitten „Großmama"

150 g Butter
200 g Zucker
300 g Mehl
3 Eigelb
1/8 l Milch
1 TL Backpulver
abgeriebene Schale einer unbehandelten Zitrone
Vanillezucker

Schneehaube:
350 g rote Ribiseln (Johannisbeeren)
3 Eiweiß
200 g sehr feiner Kristallzucker

Butter, Zucker, Eigelb und Vanillezucker schaumig rühren. Abwechselnd das mit Backpulver vermengte Mehl und die Milch einrühren, Zitronenschale dazugeben. Fingerhoch auf ein mit Backpapier ausgelegtes Blech streichen und bei 180 ° C Heißluft etwa dreißig Minuten backen.
Für die Schneehaube Eiweiß mit 100 g Zucker zu einem sehr steifen Schnee schlagen, nochmals 100 g Zucker unterheben und mit den säuberlich gerebelten Ribiseln vermischen.
Die Schnee-Ribisel-Masse auf den noch heißen Kuchenboden streichen und weitere fünf bis zehn Minuten bei 200°C Umluft backen, bis der Schaum goldene Zipfel bekommt.

Ribiselsirup rot, schwarz oder weiß

Ribiseln (Johannisbeeren) und Kristallzucker im Verhältnis von etwa 5:4

Es gibt mehrere Methoden der Sirupherstellung. Ich bevorzuge die Dampfentsaftung. Verfügen Sie aber nicht über eine solche Gerätschaft, was Sie allerdings sofort ändern sollten, können Sie auch folgendermaßen vorgehen:
Johannisbeeren mit etwa 700 bis 800 ml Wasser pro Kilogramm Frucht in einen Topf füllen und zugedeckt etwa zehn Minuten köcheln lassen. Gelegentlich umrühren und die Beeren gegen Ende des Prozesses sanft mit dem Kartoffelstampfer zerdrücken, falls sie nicht von selbst zerkochen.
Kleiden Sie sodann Ihr größtes Suppensieb mit einem alten, aber gebührend sauberen und zuvor befeuchteten Geschirrtuch aus und lassen Sie darin den Ribiselsud über ein paar Stunden abtropfen. Schließlich wird der aufgefangene Saft mit dem Zucker noch ein, zwei Minuten sprudelnd gekocht und in Flaschen gefüllt.

Weißes Ribiselgelee

pro kg weiße Ribiseln (Johannisbeeren) etwa 800 g Zucker

Dieses Rezept für eine glasklares, köstliches Gelee, in das man, wenn man verspielt ist, natürlich auch allerlei Minze- und Melissenblättchen, Mandelsplitter oder Ähnliches eingießen kann, funktioniert natürlich auch mit schwarzen und roten Johannisbeeren. Der Effekt bei den weißen ist aber ein besonderer, denn Optik und Geschmack sind in der Kombination äußerst überraschend.

Entsaften Sie die Beeren ohne Zucker mit dem Dampfentsafter. Messen Sie den aufgefangenen Saft ab, fügen Sie pro Liter zwischen 800 und 1.000 g Zucker dazu und kochen Sie die Angelegenheit auf. Sie beginnen natürlich mit der geringeren Zuckermenge, misslingt die Gelierprobe nach zehn Minuten, fügen Sie den restlichen Zucker hinzu. Das Gelieren hängt immer vom Pektingehalt der Früchte ab, und der variiert natürlich.
Heiß in saubere Gläser füllen und luftdicht verschließen.

SCHWARZE JOHANNISBEERE

Schwarze Johannisbeeren liefern den besten Likör der Welt, wenn man über Seidenstrümpfe verfügt.

Sie wissen sicherlich, wie das ist, wenn gute Freunde in lockerer Runde zu Gast weilen. Vor allem wenn stundenlang gemeinsam gekocht wird. Dann wird Dein, was Mein ist, und irgendwie kann im reibungslosen Verlauf küchentechnischer Abfolgen die Vorstellung Fuß fassen, wie es sich in einer idyllisch funktionierenden, also einer positivistisch-lieblichen Utopie entsprungenen Kommune leben ließe. Aber das ist freilich ein vorübergehendes kollektives Hochgefühl.

Stichwort Fuß: Anlässlich eines solchen nachmittäglichen Kochgelages stöberte einer der befreundeten Interimsküchenhelfer auf der Suche nach irgendeiner Gerätschaft in jener Küchenlade, die meine Siebe, Wiegemesser und anderes Kleinzeug birgt. Er schaute hinein, erstarrte kurz nackenabwärts, ergriff etwas, drehte sich um und hielt ein seidenes Damenstrümpflein hoch in seinen Händen, um sich meckernd vor Lachen vor der versammelten Runde über meine Schlampigkeit zu echauffieren. Damenstrümpfe in der Küchenlade, also echt!

Was hätte der wohl gelästert, wäre ich ein Mann! Wahrscheinlich wäre das Lästern in diesem Fall in eine Art Helden- und Echter-Kerl-Anbetung umgeschlagen, aber egal. Ich entwand ihm schweigend den Seidenstrumpf, ging zu einem anderen, wesentlich wichtigeren Küchenkasten, und zwar zu jenem, welcher die Liköre birgt. Diesem konnte ich dank meiner saisonalen Umsicht eine Flasche Cassis aus Eigenbau entnehmen und dem Frechling damit vor der Nase herumfuchteln.

Nur der Damenseidenstrumpf, das lehrte mich bereits mein Großvater, und das erfuhr nun die kochende Runde, ist fein genug, um wirklich feine Dinge wie Liköre abseihen zu können. Meine Großmutter wusste davon ein wehklagendes Lied zu singen, denn zu ihrer Zeit stellte der Seidenstrumpf noch eine empfindliche Investition dar und es war immer schmerzlich für sie, wenn des Großvaters Zeit des Seihens gekommen war. Wir zeitgenössischen Seidenstrumpfseiher kaufen natürlich billige Strumpfsöckchen, um sie dann sicherheitshalber in den Küchenladen neben den Sieben und Wiegemessern zu lagern und jederzeit bereit zu haben, wenn beispielsweise die Johannisbeeren reif sind.

Ich halte Johannisbeerlikör für die Spitze der Likör-Evolution. Erfunden wurde er natürlich in Frankreich, in der Gegend von Dijon. Der Cassis schmeckt pur und unverdünnt schon sehr gut, aber zur Höchstform in Sachen Geschmackspapillenverzückung fährt er in Verdünnung durch Champagner oder einen frischen Weißwein auf. Allerdings sollte man mit der Cassis-Dosierung in diesem Fall äußerst zurückhaltend sein. Ein Hauch genügt, um ein sensationelles Johannisbeeraroma durch das Getränk zu jagen.

Cassis

1 kg schwarze Johannisbeeren
1 l Wodka
12 Blattspitzen vom Johannisbeerstrauch
800 g Kristallzucker
1 Gewürznelke
1 Zimtstange

Die Johannisbeeren mit einer Gabel leicht zerdrücken und gemeinsam mit den anderen Zutaten in ein großes Glasgefäß füllen. Mit Zellophan verschließen, Folie mit einer Nähnadel anstechen und das Glas etwa vier Wochen auf dem Fensterbrett in die Sonne stellen. Gelegentlich schütteln. Und dann, Sie erraten es bereits, sorgfältig durch den berühmten Seidenstrumpf seihen. Das funktioniert übrigens am besten, wenn man den besagten Strumpf in ein Spitzsieb hängt.

Schwarzes Johannisbeergelee

1 kg schwarze Johannisbeeren
800 g Zucker
Saft einer Zitrone

Die fein säuberlich gerebelten - also entstielten - Johannisbeeren mit dem Zucker und dem Zitronensaft in einen schweren Topf füllen und aufkochen, bis die Beeren aufgeplatzt sind. Über Nacht kühl stellen. Am nächsten Tag die Substanz durch ein Sieb streichen oder durch die feinste Lochung der Flotten Lotte drehen. Dann sprudelnd kochen. Wenn die Gelierprobe nach zehn Minuten nicht gelingt, muss etwas Zucker nachgegeben werden. In kleine Gläser abfüllen und nicht vergessen, das Gelee zu Schokokuchen wie zu kräftigen Käsen zu versuchen. Nur zum Beispiel.

Schwarzer Johannisbeersaft

Neben dem Weichselsaft (Sauerkirschensaft) ist er der Beste, und von allen ausprobierten Rezepten hat sich immer noch der gute alte Dampfentsafter als der optimale Johannisbeersaftproduzent durchgesetzt: Die Johannisbeeren sollten gerebelt, also von den grünen Ästchen befreit werden, womit man es hier aber nicht so genau nehmen muss wie im Falle des Gelees. Pro Kilogramm Frucht sollte ein halbes Kilogramm Zucker reichen. Alles kommt gut vermischt in die obere Zone des Entsafters. Den Rest erledigt der Dampf. Abfüllen, als Dicksaft verwenden, Gefrorenes damit würzen, über Vanillecremes und -puddings gießen.
Wer es nicht so süß mag: Der Saft (auch das Gelee) macht sich in kleinen Mengen vorzüglich in Wildsaucen oder auch im Ochsenschleppragout.

BORAGO OFFICINALIS

BORRETSCH

In Kraut und Blatt ist er ruppig und stachelig, ansonsten aber zweifelsfrei das schönste unter allen Küchenkräutern.

Das Blau. Es ist wahrscheinlich dieses Frühlingshimmelblau der vielen Sternchenblüten, das diese Pflanze so reizend macht. Schauen Sie sich das Prachtstück an: Wollen Sie nicht auch sofort so eines in Ihrem Küchengarten zum Zwecke genüsslicher Betrachtung haben? Garantiertes Himmelblau in verschwenderischen Mengen, bei jedem Wetter, von Juni bis tief in den Herbst hinein.

Der Borretsch hat in meinem Garten sein Heimspiel, er darf hier – fast – alles. Er nutzt das auch mit einer verblüffenden Impertinenz aus, als vitaler Selbstausstreuer besiedelt und erobert er in jeder Saison weitere ausgedehnte Areale. Er wuchert zwischen Steinplatten, in Blumenrabatten und an den unmöglichsten Stellen mitten im Gemüsegarten neben Gurken, Tomaten, Kohlrabi sowieso.

Manchmal ertappe ich mich erst nach ein paar Wochen kopfschüttelnd dabei, dass ich einen der Hauptdurchzugspfade meines Gartens nur noch in akrobatischen Verrenkungen oder hüpfend passieren kann: Weil dort nämlich mitten auf dem Weg eine immer größer werdende Borretschstaude, die auszureißen ich nicht das Herz hatte, ihre blauen Sternlein gen Himmel reckt.

Ein bisschen irre, nicht wahr? Der Borretsch wächst so kräftig und unverdrossen vor sich hin, dass man ihn niemals aufessen kann. Wir haben das im Freundeskreis versucht, und zwar mit der britischen Methode: Eines wundervollen Nachmittages fanden wir uns in der üblichen Runde bei jenem unserer Freunde ein, der das Kochen am meisterhaftesten beherrscht. Er servierte uns in bauchigen Gläschen eine kühle klare Flüssigkeit. Die darin einzeln versenkten Borretschblüten wurden durch diese Linse vergrößert zu prächtig stacheligen Gebilden, die man immer wieder gerne anblickte.

Gin und Borretsch vertragen sich vorzüglich, kann ich Ihnen sagen. Dieses Gurkige der Pflanze und das Aroma des Gin kommen so vortrefflich miteinander aus, dass es sich die Briten zur Angewohnheit gemacht haben, jegliche Gin-Mixgetränke mit Borretsch zu garnieren, wenn sie ihn gerade zur Hand haben. Verspieltere Naturen produzieren Borretschblüten-Eiswürfel, was geschmacklich weniger schwer wiegt als optisch.

Apropos: Werfen sie die blauen Sterne auch als dekoratives Element über Suppen und Salate und schnipseln Sie die Borretschblätter als Geschmacksunterstützer in den Gurkensalat. Immerhin trägt er als Zweitnamen „Gurkenkraut“.

Borretschessig

Die einfachste Art, das Aroma des Borretsch einzufangen, zu konservieren und beispielsweise dem Gurkensalat zugutekommen zu lassen: Stecken Sie in einen milden Essig Ihrer Wahl zwei, drei Stängel Borretsch mit allem Drum und Dran. Beobachten Sie die interessanten chemischen Effekte, wenn das Blau der Blüte durch die Einwirkung der Säure in ein intensives Rosa kippt. Entfernen Sie die Krautzugabe nach zwei, drei Wochen wieder. Diese Parfümierung ist sehr stark und hält bis in den nächsten Sommer.

Borretsch britisch

Unter Umständen war der Brite James Pimm der Erste, der die Kombination von Gin und Borretsch im wahrsten Sinne des Wortes salonfähig machte. Der Besitzer der Londoner Oyster Bar kreierte um 1820 einen berühmten Gin-Drink, zu dessen wichtigsten Zutaten Borretsch zählte. Die Spirituose wird heute noch unter dem Namen Pimm's verkauft. Unsereiner nippt an den bereits beschriebenen Gin-Blütengläschen und versucht den Gin Tonic einmal mit Gurkenkraut verfeinert.

ARTEMISIA DRACUNCULUS

ESTRAGON

Im Alter gleicht sich der Geschmack des Russischen an den des Französischen Estragon an, was für im Gebirge Gärtnernde eine frohe Nachricht ist.

Dass der Estragon neben Schnittlauch, Petersilie und Kerbel zu den vier „Fines Herbes" der französischen Küche gehört, ist nicht verwunderlich. Er ist überaus aromatisch, ohne dabei allzu aufdringlich zu werden, er ist vielfach einsetzbar und wie die anderen auch und vor allem ganz frisch am besten.

Zwei Sorten gibt es von ihm, die man unterscheiden sollte, wenn man froh ein Töpfchen heimträgt oder ihn, was weit mühseliger ist, im Frühjahr aus Samen ziehen will: Der Französische Estragon ist feingliedriger, bleibt wesentlich niedriger im Wuchs und gilt als der weitaus aromatischere. Der zweite, hier so in den Schatten gerückte, ist der Russische Estragon. Der wird mitunter weit über einen Meter hoch, breitet sich durch Wurzelausläufer unverdrossen aus, wenn man ihn lässt, und ist, im Gegensatz zum Französischen Estragon, unter Garantie winterhart.

So weit die gärtnerische Theorie. Als fast schon im Gebirge gärtnernde Älplerin habe ich mit der mediterran-französischen Variante, wie man sich unschwer denken kann, keine Chance. Der offenbar selbst in Sibirien, wo er übrigens ursprünglich auch herkommt, erfolgreich kultivierte Russenkollege hingegen ist an Robustheit unüberbietbar und wird von Jahr zu Jahr fetter und vitaler. Er hat in der Vergangenheit auch bereits Phasen von 25 Grad minus überlebt, und das heißt was.

Da er ebenfalls ausgesprochen gut duftet und auch intensiv estragonisch schmeckt, wie es sich gehört, war ich's die längste Zeit halbwegs zufrieden mit ihm. Obwohl ein leichter Stich des Begehrens mich doch ab und an durchbohrte, wenn in besonders feinen Rezepturen stets die Rede vom Französischen und nie vom Russischen Estragon war. Doch das war höchstwahrscheinlich unbegründet, wie sich irgendwann einmal herausstellte, als ich in den Schriften eines der Garten-Weisen der britischen Royal Horticultural Society, Michael Pollock, elektrisiert auf folgende Passage stieß: Zum Thema Estragon hatte er zu berichten, dass der Russische lediglich in seinem Jugendstadium weniger gut schmecke als der Französische. Voilà!

Man muss aber den direkten Vergleich anstellen, was ich lieber Ihnen überlasse, denn die Geschmäcker sind nicht nur verschieden, sondern sogar von Pflanze zu Pflanze, von Standort zu Standort doch immer ein wenig unterschiedlich. Würzen Sie mit ihm auch ein wenig Essig, wie im Kapitel über den Borretsch beschrieben, nur mit etwas stärkerem Essig, denn den kann man ebenfalls immer gut brauchen.

Estragonbutter

Wem das komplizierte und für den Alltag doch zu langwierige Kochen einer Sauce Béarnaise mit diesen ganzen Eindickereien und Dottern zu aufwendig ist, sollte im Tiefkühlfach ein schlichtes Röllchen Estragonbutter horten. Dieses wird im Falle des Falles hervorgeholt: Man schneidet eine Scheibe ab und sieht begehrlich zu, wie sie über dem Fischfilet oder dem Steak dahinschmilzt.

Einen zimmerwarmen Block Butter weich rühren, mit Salz, etwas Zitronensaft, einem Hauch Knoblauch und viel fein geschnittenem Estragon (Ihrer Wahl) versetzen, alles ordentlich vermischen, kühl stellen, damit eine Rolle geformt werden kann, einfrieren.

RIBES UVA-CRISPA

STACHELBEERE

Rot, grün oder gelb sind sie zu haben, und in zumindest 150 verschiedenen Sorten.

Mit den Stachelbeeren, in Österreich gern auch „Ogrosln“ genannt, verhält es sich so: Sie altern schnell. Alle zehn Jahre, so lautet die gärtnerische Faustregel, sollte man sich von den alt gewordenen Stöcken trennen und sie durch junge ersetzen. Das bringt neben reichlicherem Ertrag auch den Vorteil mit sich, dass man aus dem außerordentlich vielfältigen Sortenangebot der Stachelbeerenzüchtungen wieder einmal etwas Neues auswählen kann.

Oder horten Sie 150 Sorten auf einmal? Dann müssen Sie britisch sein, denn nirgendwo sind die „Gooseberries“ beliebter als in Großbritannien. Auf der Insel der Gemüse- und Obstzüchter fehlen sie in kaum einem Garten, und dort verarbeitet man sie auch viel häufiger als hierzulande in vielfältiger Art und Weise: Man backt aus ihnen gerne Pies, legt sie in Zuckersirup ein, aromatisiert Essig mit ihnen und kocht Marmeladen daraus.

Die Stachelbeersorten sind tatsächlich in vielerlei Hinsicht sehr unterschiedlich. Vereinfacht gesagt gibt es welche mit roten, grünen oder gelben Früchten, mit großen und kleinen, mit viel und wenig Stacheln, welche mit mehr Säure und welche mit mehr Zucker. Einer der wesentlichen Punkte bei der Sortenwahl muss, neben dem Geschmack, jedenfalls auch die Resistenz gegen den Mehltau sein. Denn der ist der Hauptfeind Ihrer Stachelbeerernte.

Als der amerikanische Stachelbeermehltau zu Beginn des 20. Jahrhunderts nach Europa eingeschleppt wurde, brachte er, wie vier Jahrzehnte zuvor die ebenfalls aus den USA eingeschleppte Reblaus den Wein, größte Teile der Stachelbeerkulturen um. Seither sind Züchter bemüht, unter anderem mittels Einkreuzung amerikanischer Stachelbeeren mehltauresistente Sorten auf den Markt zu bringen.

Es soll zwar jeder seinem eigenen Geschmack folgen, doch empfohlen werden die Sorten „Invicta“, weil sie zum einen weitestgehend mehltauresistent ist und zum anderen sehr geschmackvolle, helle grüne Früchte trägt. Wer es lieber rot hat, kann „Remarka“ oder „Hinnomäki Rot“ setzen. Gelb sind beispielsweise die Beeren von „Hinnomäki Gold“. Aber erkundigen Sie sich am besten in der lokalen Baumschule, was für Ihre Breiten und Ihre Belange am besten ist.

Noch ein wichtiger Hinweis: Stachelbeeren fruchten am ein- bis dreijährigen Holz. Was älter ist, muss bereits vor der Zehnjahresfrist ausgeschnitten werden, sonst wird das nichts mit der reichen Stachelbeerernte.

Stachelbeerchutney mit grünen Tomaten

500 g grüne Tomaten
500 g rote Stachelbeeren
100 g Korinthen
1 Schalotte
1 EL geriebener Ingwer
ca. 300 g brauner Zucker
ca. 250 ml Apfelessig
Salz, Pfeffer, Chili

Tomaten klein schneiden, Ingwer und Schalotte fein hacken. Alle Zutaten in einen Topf befördern und etwa eine halbe bis dreiviertel Stunde weich kochen, sodass eine geschmeidige sirupartige Substanz zwischen den Gemüse- und Fruchtstücken entsteht. In Gläser füllen, kühl lagern, erst nach zwei, drei Wochen verwenden, wenn die Aromen gerastet haben. Schmeckt zu allen Braten, zu Käse, zu Pickles und Pasteten.

PRUNUS DOMESTICA SUBSP. SYRIACA

MIRABELLE

Die Mirabelle von Nancy gehört zu den Nobelsten in der Sippe einer zum Verzweifeln komplizierten Familie.

Sie ist unter allen ihren zahlreichen nahen Verwandten, den Pflaumen, wahrscheinlich die Kleinste. Sie ist kugelrund und trägt keine Naht. Sowohl innen als auch außen ist sie goldgelb, und auf der von der Sonne beschienenen Seite bekommt sie ein neckisch-dunkleres, mitunter fast ins Orange kippendes gesprenkeltes Bäckchen. Ihr Fruchtfleisch ist kompakt und fest, auch wenn sie bereits sehr reif ist, es zerkocht also nicht so leicht.

Das Beste an der Mirabelle von Nancy ist neben all diesen unbestreitbaren Vorzügen aber ihr intensiver süßer Geschmack: Er ist der mirabelligste aller Mirabellengeschmäcker, und wenn sich Mirabellenzüchter untereinander über die Aromen neuer, womöglich ertragreicherer und großfruchtenderer Sorten austauschen, so nehmen sie unter Garantie das Aroma der Französin als Maßstab. Und das wird nie erreicht.

Diese Supermirabelle blickt auf eine beeindruckend lange Geschichte zurück. Sie stammt ursprünglich aus Kleinasien und wurde bereits um 1500 in Frankreich kultiviert. Angeblich ließ sie „le bon roi" René d'Anjou höchstselbst in seine Lande bringen. Das Mirabellenzentrum liegt heute noch in Lothringen. Doch wachsen die nicht allzu großen Bäume natürlich beglückenderweise auch bei uns.

Man sollte meinen, ein Baum, der so exquisite Früchte hervorbringt, müsse auf dem besten aller Böden stehen und gepflegt und gehegt werden. Nichts davon ist der Fall. Mirabellen sind anspruchslos. Sie brauchen nur viel Sonne. Ein wenig ausschneiden sollte man sie gelegentlich, damit die Krone durchlüftet und gut belichtet bleibt. Natürlich wachsen sie in humusreichen, eher kalkigen und nicht zu trockenen Böden besser. Doch meine prächtige Mirabelle von Nancy steht auf trockenem und ganz sicher absolut kargem Boden – und sie gedeiht dennoch seit Jahren ausgezeichnet.

Die Goldpflaume, wie die Mirabelle noch genannt wird, ist eng mit den Zwetschken (Österr.) oder Zwetschen, den Pflaumen, den Ringlotten (Österr.) oder Reineclauden und den Kriecherln verwandt. Obwohl sie so unterschiedlich scheinen, sind sie alle unter dem botanischen Gattungsnamen *Prunus domestica* zusammengefasst. Sollte jemand nicht wissen, was unter Kriecherln zu verstehen ist: Die sind eine seltene Urform der Mirabelle und eine lokale Spezialität des südlichen Österreich. Erst wer ein paar Kriecherln entkernt und sich damit entsetzlich geplagt hat, wird eine weitere Eigenschaft der Mirabelle zu schätzen lernen, nämlich dass sich deren Fruchtfleisch völlig widerstandslos vom Kern löst. Auch das macht sie zur besten Wahl, wenn es um das Einkochen geht. Kurzum: Die Mirabelle von Nancy ist „la reine".

Mirabellen in Zuckersirup

1,5 kg Mirabellen
1 l Wasser
550 g Zucker
Saft einer Zitrone

Wasser, Zucker, Zitronensaft fünf Minuten sprudelnd kochen und über die bereits eng auf eng in die Einmachgläser gefüllten Mirabellen gießen. Die angegebene Menge ergibt ca. fünf Halblitergläser.

Schließen, in einen Einmachtopf oder Kochtopf mit bereits heißem Wasser stellen und zwanzig Minuten bei 85 °C sterilisieren. Nicht im Topf auskühlen lassen, sondern herausholen, sonst zerkochen sogar die Mirabellen von Nancy. Der Sirup schmeckt übrigens mindestens so gut wie die Mirabellen selbst. Kippen Sie ihn zum Beispiel über Schokoladeeis.

Mirabellen in Armagnac

ca. 100 Mirabellen
100 ml Wasser
700 ml Armagnac
250 g brauner Zucker

Die Mirabellen einzeln rundherum ein paar Mal mit einer Nadel einstechen und weich kochen. Das dauert je nach Reifegrad einige Minuten. Abtropfen lassen und in Gläser füllen. Zucker, Wasser und Armagnac erhitzen, bis sich der Zucker aufgelöst hat, aber nicht aufkochen. Noch heiß über die Mirabellen gießen, die Gläser verschließen und vor dem ersten Probieren mindestens einen Monat ziehen lassen. Das Rezept funktioniert auch mit einem guten braunen Rum.

Mirabellenchutney mit Ingwer

750 g Mirabellen, entsteint, geviertelt
150 g brauner Zucker
150 ml Apfelessig
3 Schalotten in Viertelringen
zumindest 2 EL pürierter Ingwer
3 Kardamomkapseln, fein gemörsert
je 1 Prise Pfeffer, Salz, Chili

Den Zucker mit dem Essig kurz aufkochen, die restlichen Zutaten dazugeben und etwa zwanzig Minuten vor sich hin köcheln lassen. In Gläser füllen und erst nach zwei Wochen verkosten. Das Chutney muss, wie die meisten anderen auch, erst rasten, bevor die Aromen richtig amalgamieren. Schmeckt beispielsweise zu Gänse- und Entenbraten vorzüglich.

CORIANDRUM SATIVUM

KORIANDER

Die einen verabscheuen ihn als „Wanzenkraut", die anderen streicheln ihn, damit er besser wächst – versuchen sollte man den eigenwilligen Koriander allemal.

In Europa ist die Dichte an Korianderliebhabern und Korianderliebhaberinnen im Gegensatz zu Asien und Mittelamerika gering. Bis heute hat kein Mensch wissenschaftlich untersucht und wirklich herausgefunden, warum das so ist. Mit Koriander ist in diesem Fall allerdings nicht das Gewürz gemeint, das aus den getrockneten, dann gegebenenfalls leicht gerösteten und frisch gemahlenen Kapseln der Pflanze gewonnen wird, sondern die frischen grünen Teile der Korianderpflanze. Die haben geschmacklich interessanterweise mit den Früchten, die gerne für Lebkuchen, Currymischungen und zum Würzen von Brot verwendet werden, absolut nichts gemein.

Dieses Korianderkraut sieht wie sehr feine, zierliche Petersilie aus, weshalb es in früheren Zeiten auch unter dem Namen „Arabische Petersilie" bekannt war, doch die Ähnlichkeit zwischen Petersilie und Koriander endet schon, bevor man das aromatische Grünzeug in den Mund steckt, um es zu verkosten. Es riecht nämlich sehr intensiv und auf eine doch ein wenig aufdringliche Weise, die nicht jedermanns Sache ist. Es solle stinken wie Bettwanzen, wird behauptet, doch da ich mein Lebtag noch an keiner Bettwanze schnuppern musste, kann ich diese Analogie weder bestätigen noch widerlegen, und auch stinkende Blattwanzen würde ich als wesentlich stinkiger bezeichnen als den geschätzten Koriander.

Angeblich gemahne der Koriandergeruch Menschen, die noch keinen intensiveren Umgang mit dem Kraut gehabt hätten, an Seife, was eine instinktive Abwehrreaktion hervorrufe. Doch, und das ist empirisch erwiesen, kann der Koriander bei jenen, die ihn ursprünglich nicht sonderlich mögen, die sich aber auf seine Geschmacklichkeit intelligenterweise lernwillig einlassen, sogar eine dauerhafte Leidenschaft entfachen. Plötzlich merkt man, dass diese eigenwillige Pflanze gar köstlich schmeckt und aus manchen Gerichten gar nicht mehr wegzudenken ist.

Sollten Sie bereits zu den Geläuterten gehören und dieses einjährige Kraut selbst in Töpfen oder im Garten ziehen wollen, dann geben Sie ihm erstens genug Wasser, zweitens genug Dünger und drittens genug Streicheleinheiten. Denn wenn Sie Ihren Korianderpflänzchen ab frühester Jugend täglich ein paar Mal über die Blattköpfe streicheln, entwickeln sie sich besser, sie wachsen kompakter, werden stabiler und fallen nicht mehr so leicht um. Zumindest das ist wissenschaftlich erwiesen.

Scharfes Korianderpesto

Für ein Gläschen dieser köstlichen und vielseitig einsetzbaren Substanz brauchen Sie erstaunlich viel Korianderkraut, das Sie einfach mit dem Cutter, etwas Salz, einem sehr guten Olivenöl und einer Ihrem Schärfebedürfnis entsprechenden Menge getrockneter oder frischer Chili zu einer spinatartigen Konsistenz verarbeiten. Schmeckt auf allen Broten, ob getoastet oder frisch. Macht sich sehr gut auf gegrilltem Fisch und Huhn und auch auf gekochten Kartoffeln. Im Kühlschrank höchstens fünf Tage haltbar.

CUCUMIS SATIVUS

GÜRKCHEN

Wer bei Einlegegurken den flüchtigen Moment rechtzeitiger Ernte verpasst, hat Keulen statt Cornichons. Macht nichts, derlei Not soll uns zur Tugend werden.

Man möchte meinen, die Beschäftigung des Gurkenzüchtens für den Eigenbedarf sei recht beschaulich und vor allem mit Geruhsamkeit verbunden, da man ja nicht viel mehr tun müsse, als den Gurken beim Wachsen zuzuschauen.

Wie sehr man doch selbst in Fällen scheinbar schlichter Tatbestände irren kann.

Denn das Zuschauen beim Gurkenwachsen selbst stellt in der Tat kein Problem dar. Das kann jeder. Die Schwierigkeiten beginnen vielmehr mit dem Wegschauen, und sei es noch so kurz. Bis zum nächsten Hinschauen haben sich die embryonenartigen Gürkchen, deren nächstes Wachstumsstadium man bereits, in feinen Essig gebadet und mit Dillkraut und anderem dezent gewürzt, im Glase schwimmen sah, zur Gurke ausgewachsen.

Da es sich aber hier nicht um Salatgurken oder andere weniger kapriziöse Gurkensorten handelt, sondern um Einlegegurken, spielt die Größe eine Hauptrolle: Wir wollen keine Gurken im Essig, sondern eben Gürkchen. Die kleinen, feinen, leicht gekrümmten. Cornichons genannt. Darauf sind wir trainiert, und außerdem sind das angeblich die besten. Knackig im Biss, würzig im Aroma.

Es ist aber, als ob diese verdammten Früchtchen geradezu darauf warteten, dass die Gurkenbäuerinnen und -bauern ihnen den Rücken kehren. In unbeobachteten Momenten scheinen sie besonders schnell zu wachsen. Einmal kurz umgedreht – und schon hängen Keulen statt niedlich geschwungener Hörnchen an den Gurkenpflanzen. Wie sie das machen, ist nicht zu beobachten, es geschieht einfach.

An dieser Stelle empfiehlt sich jene epikureische Gelassenheit, die ohnehin das Pflegen jedes Gartens zur Voraussetzung hat, will man nicht, vom eigenen Ehrgeiz gepeitscht, an dauernden Niederlagen zerschellen. Ist doch egal, wie groß die Dinger sind. Das Normmaß der professionell hergestellten Essiggürkchen ist ohnehin nachgerade widernatürlich in seiner Regelmäßigkeit, und letztlich liegt die Größe des Gurkengeschmacks nicht in der Kleinheit: Wie Experten immer schon gewusst haben, schmecken die etwas größeren Gurken tatsächlich noch besser, weil sie eben diese paar Tage Reifungsprozess unter der Sonne mehr in sich tragen. Sie schauen zwar nicht mehr so fesch aus wie die kleinen, sind aber aromatischer.

Bauen Sie also sofort jeglichen Stress ab und kümmern Sie sich nicht mehr dauernd um Gürkchen oder Gurken. Ärgern Sie sich niemals über zu groß gewordene Exemplare. Schneiden Sie sie einfach – gegebenenfalls geschält – in gefällige Stücke und legen Sie sie trotzdem ein.

Dass nur bester Essig das feinste Gürkchen hervorbringt, brauche ich Ihnen wohl nicht zu sagen. Denn wer – wenn nicht gefräßige Genießer – tut sich so etwas wie Gürkchenzüchten überhaupt an? Na eben.

Zu große Gürkchen in Balsamico

ca. 1 kg Gürkchen, geschält und in Stücke geschnitten
300 ml weißer Balsamico
600 ml Wasser
1 Scheibe Kren (Meerrettich)
2-3 Schalotten, geviertelt
Senfkörner, Pfefferkörner, 2 Pimentkörner, etwas Salz, Dillblüte

Gürkchenstücke, Kren, Schalotten und je eine Dillblüte in Gläser schlichten.
Balsamico, Wasser und Gewürze aufkochen, die Gläser damit auffüllen und verschließen. Kühl und dunkel lagern.

PRUNUS ARMENIACA

MARILLE / APRIKOSE

An den Marillenknödeln sollt ihr sie erkennen, die wahren Mehlspeisfeinspitze.

Wie es anderswo um das Marillenknödelcredo bestellt ist, weiß ich nicht. Doch für Österreich steht fest, dass die Alpenrepublik diesbezüglich in zwei Lager gespalten ist, die einander misstrauisch zu beäugen beginnen, sobald die ersten Marillen reif werden. Den Rest des Jahres über vertragen sich die ganz gut miteinander, keine Angst – doch in den kostbaren kurzen Wochen der Marillenreife gibt es nur ein Entweder-Oder und ganz sicher kein kompromisslerisches Dazwischen. Denn was gutes Essen anlangt, sind wir möglicherweise in mancher Hinsicht strenger als andere Nationen.

Ich zum Beispiel gehöre von Geburt an der Entweder-Fraktion an. Die bereitet die Königsdisziplin unter den warmen Mehlspeisen, nämlich den Marillenknödel, aus Kartoffelteig zu. Und niemals aus dem womöglich leichteren und kalorienärmeren, aber nicht einmal andeutungsweise so köstlich-deftigen Topfenteig. Für diese Kartoffelteigaffinität hat seinerzeit schon meine Großmutter selig gesorgt, die nicht im Traum auf die Idee gekommen wäre, Topfen um Marillen zu kleistern – der Herr möge abhüten! Die Marillenknödelorgien, die sie mittels auf dem Esstisch hoch aufgeschichteter, dampfernder, bröselgewälzter Kugelpyramiden in der Hitze herrlicher Sommerferientage hervorzurufen pflegte, sind Legende.

Es wurde buchstäblich um die Wette gefressen. Der Ursprung des diesen genialen Knödeln zugrunde liegenden Rezeptes verliert sich irgendwo in der Ahnenreihe, die einzige Neuerung, die meine Großmutter zuließ, war der Ersatz des Kernes durch ein Stück Würfelzucker.

Ebenso wichtig wie die Hülle war die Fülle: Es handelte sich dabei stets um die kleinen, rotbackigen, ja nachgerade ein wenig sommersprossigen Rosenmarillen, die meiner Meinung nach die aromatischsten von allen sind. Die wuchsen auf einem sehr hässlichen Baum – wiewohl alle Marillenbäume nicht schön sind –, den der Großvater aus ungarischen Quellen bezogen hatte und den er eifersüchtig hütete wie einen Schatz.

Wenn die Rosenmarillenblüte von Spätfrösten gefährdet war, entzündete er nächtens kleine Feuerchen rund um den Baum, damit wir, Monate später, die Marillenknödelorgie begehen, die Marmeladentöpfe wallen lassen konnten.

Pflanzen Sie also gleich eine Rosenmarille. Keine andere hat diese saftige Kombination von süßem Fleisch und säuerlicher Schale. Die Bäume brauchen Wärme. Gönnen Sie ihnen den besten Platz, im Idealfall gleich an der Hauswand, im Süden, wo man als Spalierbaum getrost alt werden kann.

Marillenknödel, die echten ...

1 kg mehlige Kartoffeln
300 g griffiges Mehl
40 g Weizengrieß
40 g Butter
1 großes Ei
1 Prise Salz
20-24 kleine Marillen
20-24 Zuckerwürfel
Semmelbrösel (Paniermehl), Butter, Staubzucker (Puderzucker)

Die Kartoffeln kochen, schälen, passieren und mit den restlichen Zutaten rasch zu einem geschmeidigen Teig kneten. Gegebenenfalls etwas Wasser oder Mehl dazugeben, je nach Konsistenz. Eine Rolle formen und in 20 bis 24 Stücke schneiden. Die Kerne der Marillen durch je einen Würfelzucker ersetzen. Knödel formen, in leicht siedendem Salzwasser je nach Größe 12 bis 18 Minuten kochen, jedenfalls so lange, bis die Knödel oben schwimmen. In goldbraun gerösteten Butterbröseln wälzen, mit Staubzucker überrieseln, das Wettessen starten.

Rosenmarillenchutney

500 g Marillen
1 Orange, unbehandelt
6 EL Zucker
1 starke Prise Salz
Pfeffer, Chili, etwas gemahlener Kreuzkümmel

Die Orange wird sehr fein geschnitten, die Stückchen der Schale sollten nicht größer als 5 Millimeter sein. Die Marillen werden entsteint und geachtelt. Alle Zutaten kommen in einen Topf und werden bei mittlerer Temperatur und bei gelegentlichem Rühren weich gekocht. Das dauert je nach Reife der Marillen um die 15 bis 20 Minuten. Die Orangenschale muss auf jeden Fall glasig sein. Schmeckt super zu Pickles und natürlich auch zu Fleischpasteten, Enten- und Hühnerbraten. Achtung! Mit dem Chili sollte man nicht sparen. Das süße Chutney verträgt die Schärfe.

WURZELGEMÜSE

Karotten, Gelbe Rüben, Wurzelpetersilie und die anderen Aromawurzeln sind nicht zu unterschätzende Küchengaben.

Kämen Sie wie ich aus einer Gegend, in der mehr Stein als Erde ist, hätten Sie wahrscheinlich auch ein besonderes, fast demütiges Verhältnis zu scheinbar so einfachen Gemüsegartenprodukten wie dem Suppengemüse. Dieses setzt sich – nach meiner Definition jedenfalls – aus oberirdisch und unterirdisch wachsenden Zutaten zusammen, und um die unterirdischen geht es hier.

Das sind: schlanke, mindestens zehn, gerne aber auch an die fünfzehn Zentimeter lange Karotten. Ebenso wohlgestalte Gelbe Rüben oder Gelbe Möhren (beide *Daucus carota*). Makellose, so gut wie unverzweigte Wurzelpetersilie *Petroselinum crispum subsp. tuberosum*, auch Peterwurzen genannt. Gegebenenfalls Pastinaken *Pastinaca*.

All diese für sich bereits sehr wohlschmeckenden Speicherwurzeln haben eines gemeinsam: Sie brauchen herrlichst lockeres, nach Möglichkeit auch etwas sandiges und keineswegs überdüngtes Erdreich. Dann gedeihen sie hervorragend. Sie müssen ihre zarten Wurzelspitzen ohne gröbere Hindernisse in die Tiefe bohren können – ist ihnen das nicht gegönnt, nehmen sie schaurige alraunenhafte Formen an. Sie verzweigen sich, bilden dicklich verkrümmte Beine oder Knollen, die widernatürlich sind für Karotten und Möhren und andere unterirdisch Schlankwüchsige.

Aus diesem Grund bin ich, als in einer Gegend namens Steinfeld Gärtnernde, demütig, sobald ich eine wirklich gelungene Wurze aus dem Erdboden ziehe, und niemals würde mir einfallen, diese zu verschwenden. All diese Wurzelgemüse gibt es in den verschiedensten Sorten. Seien Sie wählerisch, denn wenn sie gut geraten, können diese Würzpflanzen Sie über das ganze Jahr begleiten – auch Wurzelgemüse lässt sich konservieren. Interessanterweise schmeckt es haltbar gemacht noch intensiver als ganz frisch. Warum das so ist, kann ich nicht sagen. Verraten Sie es mir.

Wurzelgemüsewürze

Wurzelgemüse Ihrer Wahl fein raspeln oder in feine Scheiben schneiden und in einer Darre bis zum Zustand des Raschelns trocknen, also ganz und gar. In luftdicht verschließbare Dosen oder Gläser füllen.

Suppenwürze in Salz

Für diese Methode können Sie zusätzlich zu Karotten, Wurzelpetersilie und Gelben Rüben je nach Lust und Laune und Geschmacksvorliebe alles werfen, was Ihnen in den Sinn kommt: Knollensellerie, Zwiebeln, Lauch, Knoblauch und auch Kräuter wie Liebstöckel, Thymian, Majoran und so weiter. Alle Zutaten werden, natürlich säuberlich geputzt und in Stücke geschnitten, durch den Fleischwolf gedreht. Pro Kilogramm arbeiten Sie rund 200 g Salz ein. Das konserviert die würzige Angelegenheit zumindest bis zur nächsten Saison. Kühl lagern dennoch empfohlen. Einsetzbar als Suppenwürze, zum Aromatisieren von Ragouts und Saucen und allem anderen, in das man sonst gerne Suppenwürfel wirft. Funktioniert auch als Instant-Suppe nicht übel. Erfinden Sie am besten Ihre spezielle Privatmischung.

SIDERITIS SCARDICA, SIDERITIS SYRIACA

GRIECHISCHER BERGTEE

Griechischer Bergtee ist äußerst bekömmlich, aber sauteuer. Weil er auch hübsch ist, bauen wir ihn sofort an.

Man soll kein gärtnerisches Experiment unversucht lassen, vor allem wenn man dabei nichts zu verlieren hat. Zum Beispiel dieses hier: In einem langen Winter, in diesen gärtnerisch elend langweiligen Tagen, durfte ich in einem befreundeten Heim die kulinarischen Genüsse des Griechischen Bergtees entdecken. Der schmeckt sehr gut. Ein bisschen wie Salbei, aber doch anders.

Sideritis scardica stand auf der Packung, die ich sogleich um sündige Summen in der Kräuterapotheke erwarb und die sofort aufgebraucht war – weil irgendetwas muss den Menschen im Frost der trüben Jahreszeit ja auch von innen heraus erwärmen. Berge, Griechenland, Aroma, Mittelmeer – diese Assoziationen helfen.

Die nächste Packung war preiswerter, sie entstammte der Bio-Abteilung eines Supermarktes, hieß ebenfalls Bergtee, nannte sich aber *Sideritis syriaca*. Denn es gibt Dutzende Sorten von Bergtee. Das Innenleben war deutlich gröber und gar nicht apothekermäßig. Dafür entdeckte ich zwischen vielen Stängeln und wenigen Blättern, was jeden Gartenmenschen beglückt: Es waren ein paar Samen mit hineingerutscht.

Die präparierte ich sofort aus den trockenen Blüten heraus und gewann auf diese Art ungefähr zwei Dutzend von ihnen. Anzuchterde her und hinein damit. Nach etwa zehn Tagen keimte einer der Samen und verharrte mehrere Wochen lang in mikroskopisch kleinem Wuchs. Wir reden hier von zwei, drei Millimetern, die Sache war also nicht sehr hoffnungsvoll. Der Rest der Samen hatte offenbar bereits das Zeitliche gesegnet, aber zumindest dieses eine kleine Pflänzchen war durchgekommen. Es wuchs extrem langsam.

Doch bis der Frühling kam, hatte es sich zu einer Höhe von zwei, drei Zentimetern hinaufgearbeitet, und ab Mai stand es stramm und pikiert und reizend silbergrau pelzig belaubt gut zwölf Zentimeter hoch in der Welt und duftete bereits kräftig und verheißungsvoll.

Der Griechische Bergtee ist eine im Mittelmeerraum beheimatete Pflanze, die auf kargen Berghängen wächst. Sie sollten sie in ein sandiges Gemisch setzen, im Topf hat sich Kakteenerde bewährt. Die Pflanze blüht ab Mitte Juni gelb und ist ein hübscher Blickfang im Steingarten. Viel Sonne ist erforderlich, Schatten wird genauso wenig vertragen wie Staunässe. Die Pflanze ist winterhart. Kräuterspezialisten führen *Scardica* mitunter im Programm: Stellen Sie Sortenvergleiche an!

Griechischer Bergtee

Geerntet wird ab der Zeit der Blüte, am besten nach ein paar möglichst sonnigen, heißen, das Aroma intensivierenden Tagen. Getrocknet werden sowohl Blüten als auch Blätter und Stängel. Sie können sie zerkleinern oder in adretten Bündeln trocknen. Aufgießen, ziehen lassen, genießen.

ALOYSIA CITRODORA

ZITRONENVERBENE

Zitroniger als diese Südamerikanerin ist keine andere.

Kein Blatt bringt ein zarteres, raffinierter zitroniges Aroma hervor als die langblättrige südamerikanische Zitronenverbene. Sie ist eine der kulinarischen Hochsommerkostbarkeiten des Gartens, holen Sie sich auf jeden Fall im Frühling ein Stöckchen, auch wenn Sie nur einen Balkon zur Verfügung haben. Sie können den Strauch ja klein halten. In ihrer Heimat Peru gilt die Zitronenverbene als Mittel gegen nervöse Zustände aller Art, allerdings in Form von Tee genossen, wohingegen hierzulande manche meinen, die beruhigendste Spielform ihrer Verwertungsmöglichkeiten sei selbstredend die des Likörs.

Doch so einfach die Zubereitung etwa eines ausgezeichneten Cassis aus Schwarzen Johannisbeeren und noch allerlei Ingredienzien sein mag, so zickig kann sich die Zitronenverbene geben. Das Zeug kippt aromamäßig allzu leicht ins Medizinische. Also bedurfte es mehrerer Versuchsreihen, um einen wirklich samtig-köstlichen Likör zuwege zu bringen: mit Blatt und Stiel, mit Blatt und ohne Stängel, mit ein paar Scheiben echter Zitrone und mit wenig oder mit etwas mehr Zucker.

Fazit: Man sollte auf jeden Fall lediglich die Blätter der Zitronenverbene in einem geräumigen Gefäß mit der Spirituose übergießen, denn die holzigen Teile bringen etwas, man möchte sagen, Ruppiges in die ansonsten zarte Komposition. Auch allzu viel Zitronenscheiben tun der Angelegenheit nicht gut.

Hierzulande kommt der gut einen Meter hoch wachsende Strauch im Freien nicht über den Winter. Im Sommer mag es die Zitronenverbene ausgepflanzt oder im Topf gut warm und sonnig, bei angemessenen Düngergaben und bei strikter Vermeidung von Austrocknungszuständen. Die Blätter können Sie laufend frisch oder später dann getrocknet als Tee sowie zum Aromatisieren von Sorbets oder anderem verwenden. Zum Beispiel fein geschnippelt im Obstsalat kann sie einiges. Experimentieren Sie aber vorzugsweise mit den frischen Blättern. Die getrockneten eignen sich wirklich nur für Tee.

Zitronenverbenelikör

2 Handvoll Zitronenverbeneblätter
700 ml Wodka oder Korn
250 g weißer Kandiszucker
1-2 Zitronenscheiben

Alle Zutaten in ein gläsernes Gefäß füllen und dieses mit Zellophan verschließen. Mit einer Nähnadel ein winziges Loch in die Folie stechen und das Glas nicht länger als drei Wochen auf der sonnigen Fensterbank stehen lassen. Sodann den Glasinhalt durch einen Seidenstrumpf seihen, abfüllen, verkosten und beglückt mit der Zunge schnalzen. Als Digestif einsetzen oder in gemessenen Dosen über Desserts und Eiscremes kippen.

Zitronenverbenesorbet

500 ml Wasser oder - noch besser - Molke, im Idealfall Büffelmolke
150 g Zucker, je nach Geschmack mehr oder weniger
Saft einer halben Zitrone
1 Handvoll Zitronenverbeneblätter

Wasser/Molke und Zucker aufkochen, überkühlen lassen, die Zitronenverbeneblätter einrühren und über Nacht kühl stellen. Die Blätter abseihen, ebenfalls geseihten Zitronensaft dazu. In der Eismaschine zu einem der feinsten Sorbets rühren, das Sie je gegessen haben.
Achtung: Zitronenverbenemenge nicht übertreiben. Hier geht es um hauchfeine Aromen, nicht um Geschmackskeulen. Funktioniert vorzüglich als appetitanregender Zwischengang bei aufwendigeren Gelagen, aber auch als Sommererfrischung zwischendurch. Kann auch vorzüglich mit Champagner aufgespritzt konsumiert werden.

Limonenmarmelade mit Zitronenverbene

500 g Limonen, unbehandelt, in feinsten Scheiben
500 g Zucker
1 Handvoll Zitronenverbeneblätter

Die Limonenscheiben entkernen, vierteln, mit dem Zucker in einen Topf geben, knapp mit Wasser bedecken und einmal ganz kurz aufkochen. Überkühlen lassen, die Zitronenverbeneblätter in einem Teesäckchen oder Gazebeutel dazugeben und über Nacht ruhen lassen. Blätterbeutel entfernen und den Topfinhalt so lange kochen, bis die Gelierprobe gelingt. Das kann je nach Fruchtkonsistenz zehn Minuten aber auch deutlich länger dauern. Schmeckt als Frühstücksmarmelade, macht sich aber auch gut zu sehr würzigen Braten aller Art.

SOLANUM LYCOPERSICUM

TOMATE

Tomaten sind die Früchte, die der Sortenvielfalt im Gemüsebau wieder zum Durchbruch verhelfen werden.

Es gab einen Moment in meinem noch gar nicht sonderlich gärtnerischen Leben, in dem ich innehielt und gründlicher nachzudenken begann. Dieser kathartische Moment der Erkenntnis hält bis heute an. Er senkte sich über mich, als eine energiedurchpulste holländische Tomatenmarketingdame mir eben eine raffinerieartige Anlage mit allerlei Schläuchen und Computerterminals erklärte, die für die Nährstoffzusammensetzung der Bewässerung der Tomaten im angeschlossenen Glashaus zuständig war.

Dort hingen die Tomatenproduzentinnen für die ganze Welt an langen Seilen: sorgfältig angebunden, die Wurzeln in einem Glaswollesubstrat versenkt, mit allerlei Schläuchen am Leben gehalten, von eigens für diesen Zweck gezüchteten Hummelvölkern in Kunststoffquaderbehausungen bestäubt. In mir keimte eine Art Intensivstationsgefühl auf, gemischt mit ein wenig Sci-Fi-Furcht. Wir haben eine Welt geschaffen, in der die Tomaten rund um den Globus fliegen und in der wir Europäer zu Weihnachten Kirschen essen, während im Herbst die Äpfel auf unseren Wiesen verrotten. Das Grauen!

Ich will keine Tomaten essen, die dafür gezüchtet wurden, wochenlang haltbar zu sein. Ich will auch meinen ökologischen Fußabdruck nicht mit Gewalt vergrößern. Ich ziehe die Tomaten, die ich esse, selbst oder kaufe die, die aus meiner Umgebung stammen. Frisch im Sommer, eingekocht und eingemacht im Winter. Ich schöpfe aus dem unglaublichen Angebot an Sorten, ich bade nachgerade in Tomatenvielfalt. Und jedes Jahr freue ich mich auf die neue, frische Ernte.

Als ich einem meiner verfressensten Lieblingsgäste dann die ersten selbst gezogenen, selbst getrockneten und in Olivenöl eingelegten knisterig-knusprigen Tomatenscheibchen auf gerösteter Focaccia servierte, riss der die Augen auf und sagte: „Ich habe ganz vergessen gehabt, wie Tomaten schmecken können!“

Auch wenn Sie glauben, bar jeden gärtnerischen Talents zu sein: Versuchen Sie das Tomatenziehen. Wenn Sie einen sonnigen regengeschützten Platz haben, wird es gelingen, und Sie werden den Unterschied zwischen gelagerten und frischen Tomaten, vor allem aber die aromatischen Unterschiede von Hunderten zur Verfügung stehender Sorten zu genießen lernen.

Da diese Empfindung nicht allein mir vorbehalten war, hat die Tomate einen Trend beschleunigt, der höchst begrüßenswert ist: Die Rückkehr der Sortenvielfalt im Gemüse- und Obstgarten beginnt gerade erst. Wir steuern auf Großartiges zu.

Getrocknete Tomaten

Sonnenreife Tomaten in drei, vier Millimeter dünne Scheiben schneiden, gleichmäßig auf den Einsätzen der Darre auflegen und so lange dörren, bis sie völlig durchgetrocknet sind. Achtung: Lieber langsam und über ein, zwei Tage trocknen, als zu schnell bei großer Hitze. Sie bräunen sonst. Wer will, kann bei Dörrbeginn mit Kräutern und Salz würzen. Die getrockneten Scheiben eng in ein Glas schichten und mit gutem Olivenöl übergießen, bis sie vollständig bedeckt sind.

Tomatenmarmelade

1 kg Tomaten, geputzt wie unten beschrieben
800 g Zucker
Saft einer Zitrone

Sehr reife, möglichst aromatische und fleischige Tomaten häuten, vierteln, entkernen. Schälen lassen sie sich, nachdem man sie für etwa eine Minute in kochend heißes Wasser gelegt hat. Die Tomatenstücke mit dem Zucker aufkochen und rasten lassen. Am nächsten Tag rund zehn Minuten kochen, es kann aber auch etwas länger dauern, wenn die Tomaten sehr saftig sind. Entweder gleich abfüllen oder durch Sieb oder Flotte Lotte passieren - wie es Euch gefällt. Zusätzliche Würze bringt beispielsweise Vanille, man kann aber auch einen Hauch Schärfe mit Chili hineinbringen.

Tomaten-Basilikum-Senf

25 g gelbe Senfkörner
25 g braune Senfkörner
1 TL Senfpulver
1/8 l Weißwein
100 ml Weinessig
ca. 10 getrocknete Tomatenscheiben
frisches Basilikum
Salz

Senfkörner über Nacht im Wein quellen lassen. Alle Zutaten mit dem Mixer oder Cutter zu einem cremigen Senf verarbeiten. Im Kühlschrank mindestens vier Tage rasten lassen. Der Tomatenanteil ist Geschmackssache und kann variiert werden, ebenso die Schärfe, die über das Senfpulver gesteuert wird. Natürlich können Sie auch gekaufte getrocknete Tomaten verwenden, wir sind ja nicht so.

ROSMARINUS OFFICINALIS

ROSMARIN

Obwohl der Rosmarin in der Küche nur in geringen Dosierungen verwendet wird, kann man von ihm aus diversen Gründen nie genug haben.

Die Suche nach dem perfekten Rosmarin begann, als aus Frankreich, von einer Freundin geschickt, ein Büschel getrockneten Rosmarins eintraf, der alles, was an Rosmarin bis dato gewesen war, deutlich übertraf. Der war ganz feinnadelig und dabei äußerst aromatisch. Er war milder und weniger harzig als der bis dahin von mir gezogene Rosmarin. Er trug, obwohl getrocknet, noch deutlich erkennbar viele kleine hellblaue Blüten, und er schmeckte aufregenderweise ein bisschen nach Pignoli.

Bis dahin hatte ich, ohne darüber nachzudenken, angenommen, dass Rosmarin eben Rosmarin sei. Doch dieser Import von der Côte d'Azur war so anders, dass ich mich ab diesem Moment auf die Suche nach den verschiedenen Sorten begab und in eine Art langjährigen Rosmarin-Rausch fiel.

Der erwähnte Pinien-Rosmarin *Rosmarinus angustifolia* war nur der Anfang. Denn die verschiedenen Rosmarinsorten variieren natürlich nicht nur im Geschmack und in der Nadelgröße, sondern auch in Wuchs und Blütenfarbe. Der Rosmarin ist eine sehr schöne Pflanze, man kann gar nicht genug von ihm und seinen Sorten haben.

Normalerweise blüht er himmelblau. Doch beispielsweise die Sorte „Salem" blüht in einem derart kräftigen dunklen Azurblau, dass es nicht nur für die Bienen, die Rosmarin lieben, eine Freude ist. Die Sorte „Santa Barbara" wiederum ist eine aus der interessanten Riege der kriechenden Rosmarine, und wenn man in nicht zu frostigen Gegenden beheimatet ist, kann man ganze Hänge damit überwuchern.

Frostgefährdet sind fast alle, am besten also, man räumt sie ihm Herbst in ein kühles Winterquartier. Beispielsweise auch die weiß blühende Sorte „Albiflorus" und die lila-rosa Sorte „Majorca Pink". Einer der attraktivsten unter den Rosmarinen ist der hängend wachsende. Der hat ebenfalls ein eher feines Nadelwerk, blüht in Frühjahr und Herbst himmelblau und wächst in bizarren Formationen. Und wie alle anderen schmeckt auch er natürlich sehr gut.

Rosmarin passt nicht nur zu den üblichen Hühner- und Lammbraten, sondern macht sich auch in geringen Mengen in Marmeladen und Süßspeisen nicht übel. Oder in Senf. Experimentieren, aber nie überdosieren. Frische Triebe sind mildwürziger als die älteren, die abgenadelten Äste kann man bei Bedarf als Grillspießchen verwenden. Trockene Nadeln wirft man ohnehin in die Grillglut, weil es wenig gibt, was besser duftet.

Rosmarin-Orangen-Senf

35 g helle Senfkörner
35 g dunkle Senfkörner
1 TL Senfpulver
1/16 l Weißweinessig
1/8 l frisch gepresster Orangensaft
1 TL geriebene Orangenschale, unbehandelt
2 EL Honig
2 EL Rosmarin, sehr fein gehackt
Salz

Die trockenen Senfkörner im Cutter oder der Kaffeemühle zu feinem Mehl vermahlen, mit den restlichen Zutaten mischen und im Kühlschrank rasten lassen. Senf wie dieser entwickelt erst nach ein paar Tagen seinen Geschmack so richtig. Dann eventuell nachsalzen und nachwürzen. Man kann sowohl frischen als auch getrockneten Rosmarin verwenden.

SALVIA APIANA

RÄUCHERSALBEI

So ein indianischer Räucherwedel kann mehr als das Räucherstäbchen aus dem Eso-Shop um die Ecke.

Eines Tages begegnete ich dem berühmtesten Ethnobotaniker der Welt. Er hatte als Student jahrelang bei einem mittelamerikanischen Indianerstamm im Dschungel gelebt, war daraufhin später jahrzehntelang auf der Suche nach, wie er sagte „ethnobotanischen Wundern" um die Welt gereist, und er hat sie mit größter Wahrscheinlichkeit auch alle gefunden. Denn keine natürliche Substanz, mittels derer man sein Wissen um die Mächte der Natur und seiner selbst erweitern kann, ließ er unversucht, und in der milden Freundlichkeit, die er verstrahlte, spürte man das auch.

Er kam mir vor wie ein etwas aus dem Rahmen mitteleuropäischer Konventionen gefallener, erfreulich sympathischer Mensch, der in der Tat Blicke in Abgründe getan hatte, die weniger experimentierfreudigen Botanikern und anderen Zeitgenossen verborgen bleiben. Mit Drogen im herkömmlichen Stumpfsinn der Verzweiflung hatte er allerdings nichts am Hut. Er beschäftigte sich vielmehr mit teils jahrtausendealten Ritualen der Menschheit – und eines, das hier den vordersten Rang einnimmt, ist das Räuchern. Das Räuchern ist das Ritual der Schamanen, der Medizinleute, der Weisen.

Doch auch das kommt gerade in oberflächlicher Manier wieder in eine Art neue Mode, ohne auf seine Sinnhaftigkeit, auf seine Ursprünge hinterfragt zu werden. Würde man nach dieser allgemeinen Strömung gehen, müsste man sich in einem einschlägigen Geschäft die gängige fixfertig abgemischte Räuchermischung für sein persönliches Sternzeichen zulegen oder zumindest wissen, welchem Planeten man gerade welches Räucheropfer darbringen sollte. Doch darum geht es jenen, die wirklich räuchern, gar nicht.

Dass ich mir trotzdem einen Indianischen Räuchersalbei zugelegt habe, hat neben anderen auch jenen Grund, dass seine langen, silbrigen Blätter einen faszinierenden, sehr intensiven Geruch verströmen, bereits wenn man sie nur leicht streift. Außerdem gibt es noch einen bestechenden und sehr weltnahen Grund, neben dem tatsächlich sehr Kontemplativen, dem Duftenden, dem Besinnlichen in der Beschäftigung des Räucherns, um einen solchen Salbei sein eigen zu nennen: Nichts vertreibt lästige Insekten wie Stechmücken auf der sommerabendlichen Terrasse rascher und dauerhafter als ein reich qualmender Wedel aus den Blättern des Indianischen Räuchersalbeis. Den Rest des Geheimnisses um das Räuchern muss man selbst herausfinden.

Räucherwedel

Die Endstücke der Äste eines Indianischen Räuchersalbeis in etwa 30 Zentimeter Länge abschneiden und mit Gartenbast relativ streng kreuzweise umwickeln, sodass ein kompakter Wedel entsteht. Aufgehängt trocknen lassen. Bei Bedarf am oberen Ende anzünden und gleich wieder ausblasen. Raucht und qualmt dermaßen stark und intensiv duftend, dass jedes Insekt sofort das Weite sucht. Und wenn Sie Ihren Geist in solchen Momenten ein wenig wandern lassen wollen, so schadet das weder Ihnen noch dem Universum.

HERBST

SOLANUM TUBEROSUM

KARTOFFEL

Der Mensch kann nicht früh genug damit beginnen, eigenhändig Erdäpfel zu braten, über welchem Feuerchen auch immer.

Wussten Sie, dass die gefühlte Lebensmitte bei 16 Jahren liegt? Das besagt, dass die ersten 16 Jahre des Lebens gefühlsmäßig so lange dauern wie der Rest des Lebens, und auch wenn diese Diagnose nur eine ungefähre sein kann, so muss ich ihr dennoch einiges abgewinnen. Manchmal schaffe ich es, in diese eher wilde Zeit zurückzukriechen. Dann entzünde ich ein Feuerchen im Garten oder an einem versteckten Flussufer, schmeiße Erdäpfel in die Glut, hocke daneben, bis sie durch sind, und lasse mir die Zonen hinter der verbrannten Schicht schmecken wie das beste Gourmetmahl bei Kerzenschimmer.

Nach diesem Ritual bin ich so dreckig und rauchstinkend wie früher. Gut, dass man auch das noch kann: So richtig schmutzig sein. Spart meiner Meinung nach mitunter den Psychotherapeuten: Kartoffelfeuerheizen bei Verstimmungszuständen bis hin zu milden Depressionen sollte generell Teil einer solchen Behandlung sein.

Die besten Kartoffeln sind selbstredend diejenigen, die man gerade aus der Erde geholt, abgebürstet und abgewaschen hat. Da wir als Kinder zeitweilig wie die Indianer zwischen den Fischteichen des Großvaters und den Erdäpfeläckerchen der Großmutter unser Unwesen trieben und da das sogenannte Stanniolpapier, also die Alufolie, damals noch eine Art kostbaren Gutes war, packten wir die dem Acker frisch geraubten Kartoffeln in Lehm. Das sollten Sie auch einmal ausprobieren. Alufolie kann einpacken gegen Lehm. Schmieren Sie fette, halbzentimeterdicke Schichten um nicht zu große Knollen und legen Sie diese dann in die richtige Zone der Glut. Nicht zu heiß und nicht zu kühl sollten sie geraume Zeit ruhen.

In fortgeschrittenen Tom-Sawyer- und Huck-Finn-Zeiten lagen wir gelegentlich auch mit Angeln an den Ufern der Fischteiche und ergänzten unser Erdapfelmahl mit frischen, ebenfalls in Lehm gepackten und in der Glut gegarten Forellen. Regenbogenforellen oder Bachforellen. Egal, wir aßen beide. Die Erdapfelsorte hingegen war immer dieselbe: „Sieglinde". Dunkelgelb, sehr aromatisch. Die ist heute kaum mehr aufzutreiben.

Wenn Sie an „Sieglinde" gute Erinnerungen haben, probieren Sie „Agria", die kommt am nächsten. Probieren Sie aber auf jeden Fall auch kartoffelmäßig Sorten, Sorten, Sorten! Die unten genannten Trüffelkartoffeln heißen auch „Vitelotte" und sind eine der Urformen der Kartoffel. Sie schmecken vorzüglich, tragen jedoch sehr wenig pro Pflanze, weshalb sie teuer und schwer aufzutreiben sind. Bauen Sie sie einfach selbst an, das ist immer das Beste. Ich suche in der Zwischenzeit weiter nach der Sorte, die derjenigen meiner Kindheit noch näher kommt. Schließlich habe ich mich davon mein halbes Leben lang glücklich genährt.

Trüffelkartoffelchips

Frische „Vitelotte" schälen und in sehr dünne Scheiben schneiden. Entweder die Supervariante wählen und Butterschmalz erhitzen oder auf die billigere und natürlich nicht ganz so extravagante Variante des Kokosfettes zurückgreifen. Im entsprechend heißen Fett jeweils kleine Mengen der Scheiben knusprig rösten, mit einer Schaumkelle herausheben, auf Küchenpapier abtropfen lassen. Salzen.

CUCURBITA

KÜRBIS

Nicht nur wegen der ohnehin schon sattsam bekannten Kürbiscremesuppe sollte man Speisekürbisse aller Art in seinem Gärtchen ziehen.

Noch vor zwei, drei Jahrzehnten konnte man hierzulande von einer Kürbisvielfalt, wie sie heute sowohl als Samen als auch als Frucht zu bekommen ist, nur träumen. Bis auf die steirische Spezialität des Ölkürbisses, der das großartige dunkelgrüne und unvergleichliche Kürbiskernöl liefert, war Österreich in Sachen Kürbis eine Wüstenei. In Deutschland dürfte die Situation vergleichbar öde gewesen sein.

Mittlerweile aber haben wir dank verschiedener Kürbisgärtnerpioniere und globalisierender Effekte gelernt, dass die Halloween-Kürbisse wirklich nur zum Zwecke möglichst grässlicher, innerlich von Kerzen beleuchteter Fratzen dienen und keineswegs gegessen gehören. Dafür gibt es nämlich unvergleichlich geschmackvollere Sorten. Viele davon gehören zu den Moschus-Kürbissen *Cucurbita moschata*, die eine der fünf Arten der Gattung *Cucurbita* stellen. Alle Kürbisarten stammen aus Lateinamerika, wo sie bereits vor Jahrtausenden zu einem der Grundnahrungsmittel gehörten. Entsprechend warm und feucht wollen sie gehalten werden.

Die bekanntesten Vertreter der Moschus-Kürbisse sind der königliche und vielseitig einsetzbare Butternut-Kürbis mit seinem gelborangen süßen Fruchtfleisch sowie der Muscade-Kürbis mit einem dunkleren, herberen, aber um nichts weniger vorzüglichen Aroma.

Die zweite sehr beliebte Gruppe von exquisiten Kürbissen ist die der Hokkaidos. Die gehören zu den Riesenkürbissen *Cucurbita maxima*, zählen aber zu den kleineren Vertretern dieser Art. Treiben Sie auf jeden Fall Samen oder Pflanzen des grünen Hokkaido auf. Der ist womöglich noch geschmackvoller als sein grellorangер Kollege. Hokkaidos sind übrigens die einzigen Kürbisse, die man nicht schälen muss. Außer die Schale ist sehr schrundig, was manchmal doch ein Schälen notwendig macht.

Sollten Sie jetzt Begehrlichkeiten entwickelt haben und diese großartigen Pflanzen anbauen wollen: Sie brauchen einen sehr fruchtbaren Standort und ausreichend Feuchtigkeit. Am besten Sie ziehen sie in einer Erdmulde gleich auf Ihrem Komposthaufen. Damit haben Sie doppelt klug getan – der Kürbis hat genug Dünger, der Kompost wird beschattet. Und Sie werden reiche Ernte einfahren.

Kürbiskonfit mit Quitten

500 g Muscade-Kürbis
250 g Quitten
150 ml Wasser
150 ml weißer Balsamico
300 g brauner Zucker
je 1 Prise Salz, Pfeffer, Chili

Kürbis und Quitten schälen, entkernen und in etwa ein Zentimeter große, regelmäßige Würfel schneiden. Zucker und Wasser aufkochen, bis der Zucker aufgelöst ist. Alle übrigen Zutaten dazumischen, rund zwanzig Minuten köcheln lassen. Die Quitten können ruhig ein wenig zerkochen, die Kürbisstücke müssen auf jeden Fall weich sein. In Gläser füllen, eine Woche ziehen lassen vor der Verkostung.

Kürbischutney mit Apfel

500 g grüner Hokkaido-Kürbis
1 säuerlicher Apfel
1 weiße Zwiebel
150 g brauner Zucker
125 ml Apfelessig
Ingwer nach Geschmack
125 ml Wasser
Salz, Pfeffer, nicht zu wenig Chili

Kürbis und Apfel entkernen, Letzteren schälen und alles in zentimeterkleine Stücke schneiden, den Ingwer pürieren. Alle Zutaten für rund zwanzig Minuten köcheln lassen, zumindest aber so lange, bis die Kürbisstückchen bis an den Rand der Patzigkeit weich gekocht sind. In Gläser damit und zwei Wochen ziehen lassen, bevor verkostet wird.

Kürbismarmelade

Funktioniert mit allen guten und charakterstarken Speisekürbissen wie Hokkaido, Butternut, Muscade, Baby Bear, Blue Kuri und Black Futsu. Den Kürbis schälen, entkernen, in Stücke schneiden, in möglichst wenig Wasser langsam und mit Deckel sehr weich kochen. Mit dem feinsten Sieb der Flotten Lotte passieren oder durch ein Sieb streichen. Mus abwiegen und mit zwei Drittel des Musgewichtes an Zucker mindestens fünf Minuten sprudelnd einkochen. Achtung: Geliert nicht, wird aber je nach Kochlänge eine cremig-streichbare bis eher feste Angelegenheit. Schmeckt genial mit Schokokuchen.

Würziger Ofenkürbis

Dieses Rezept funktioniert eindeutig mit Butternut am besten: Den Kürbis schälen, entkernen, in vier, fünf Zentimeter große Stücke schneiden und in eine Schüssel geben. Aus nicht zu wenig Olivenöl, Salz, Pfeffer, Chili und zerstoßenem Kreuzkümmel eine Marinade zubereiten, über die Kürbisstücke kippen und alles gut mischen, sodass alle Kürbisstücke ölgebadet sind. In eine feuerfeste Form schlichten, die Stücke sollten nur neben-, nicht übereinander liegen. Im Ofen bei 200 °C Heißluft rund 25 Minuten weich backen. Schmeckt heiß und kalt gut.

HUCKLEBERRY

Endlich hat die Mark Twains Romanhelden ihren Namen gebende Frucht auch die hiesigen Gefilde erreicht.

2010 war Mark-Twain-Jahr, und diejenigen, die sein erdig-brachiales und stets von den Silberfäden feinsten Humors durchzogenes Werk schätzen, konnten die anderen, die Nicht-Twainianer, endlich termingerecht darauf hinweisen, was ihnen entgeht, wenn sie Romane wie Tom Sawyer oder Huckleberry Finn als Kinderliteratur abtun und somit auch dem Rest Twain'schen Schaffens ignorant gegenüberstehen – diese armen Wanderer im Dunkeln.

Doch egal ob Sie das leuchtende Universum Mark Twains bereits betreten haben oder nicht – ich darf Ihnen, zumindest was den Namen des Huck-Finn anlangt, auf die Sprünge helfen. Denn wo, das fragten sich nun schon mehrere Generationen, kommt dieser absurd anmutende, so übermütig erst durch die Kehle und sodann über die Zunge hüpfende Name Huckleberry her?

Für die amerikanischen Leser war er schlüssig: Im 19. Jahrhundert wurde der Begriff Huckleberry als Prädikat für Minderwertiges und Schäbiges verwendet. Huckleberry Finn war ein Outcast wie die Huckleberry selbst: Sie wächst wild sowohl an den Gestaden des Mississippi als auch in weiten Teilen der USA.

Und auch in meinem Garten. Ich huldige Mark Twain mit dieser Huckleberry. Im Samenhandel heißt die wissenschaftlich *Solanum scabrum* genannte einjährige und gut über einen Meter hoch wachsende Pflanze mit den zahlreichen kirschgroßen Beeren zwar Schwarzbeere, doch handelt es sich dabei exakt um die Huckleberry. Sie können davon ausgehen, dass ich das ausnehmend sorgfältig recherchiert habe, denn ich bin mit Twain einer Meinung: „Bildung ist etwas, das man ganz ohne Beeinträchtigung durch den Schulunterricht erwerben muss."

Diese Schwarzbeeren haben mit Heidelbeeren gar nichts zu tun. Doch selbst in den USA wird die Huckleberry/Blackberry dauernd mit der Blueberry/Heidelbeere verwechselt. Aus den im April mit Vorfreude versenkten Samen wachsen kräftige Pflanzen heran, die ab Ende Mai in Töpfe oder unter freien Himmel kommen. Die Pflanze braucht volle Sonne, reichlich Dünger und viel Wasser. Ende Juni beginnt sie unscheinbar weiß zu blühen, die rasch auftauchenden Beeren verharren lange in Grün, beginnen dann eine Verwandlung über Dunkellila zu Blauschwarz und schauen gefährlich giftig und wie Tollkirschen aus. Wahrscheinlich werden sie aus diesem Grund gelegentlich für giftig gehalten – und so weit hergeholt ist dieser Verdacht nicht. Als Nachtschattengewächs sollte die Schwarzbeere nur im reifen Zustand genossen werden, unreif enthält sie das Gift Solanin.

Huckleberryteer

500 g Huckleberries
500 g Zucker
Saft einer Zitrone

Alle Zutaten in einem Topf mischen. Vorsichtig aufkochen, bis sich der erste Saft bildet. Etwa zehn Minuten kochen lassen, durch ein feines Sieb streichen und sofort in kleine Gläser abfüllen. Der Huckleberryteer eignet sich als Brotaufstrich, man kann damit aber vor allem herrliche Farbeffekte in Cremes, Säften und Kuchen herstellen. Ein schöneres, intensiveres Lila haben Sie noch nie gesehen.

RUBUS SECTIO RUBUS

BROMBEERE

Mitunter ist das ganz Wilde immer noch das Allerbeste.

Man sollte nicht in die grässliche Gewohnheit beckmesserischen Bemeckerns des Fortschritts verfallen, doch in Sachen Brombeeren fällt es schwer, die neumodischen Errungenschaften brombeertechnischer Evolutionen gutzuheißen. Oder haben Sie jemals wirklich gute, geschmackvolle, süße Brombeeren in einem dieser neckischen flachen Tässchen erworben, wie sie seit einigen Jahren feilgeboten werden?

Diese ebenmäßigen, großen Beeren schauen zwar prächtig aus, wie aus glänzendem Kunststoff gegossen, doch schmecken sie auch so, also fast nie nach irgendetwas. Aus diesem Grund sollten Sie es jetzt nicht belächeln, wenn ich Ihnen erzähle, dass ich an späten Sommertagen gemeinsam mit interfamiliären Verbündeten die alten Milchkannen hervorkrame und mich scheppernd damit auf einschlägig bekannte Waldlichtungen verfüge.

Dorthin nämlich, wo es den Hort äußerster Aromaintensität gibt: zum wilden Brombeerschlag. Keine gezüchtete Brombeere kommt auch nur in die Nähe dessen, was wilde Brombeeren an Geschmack intus haben. Vor allem nach heißen, aber feuchten Sommern ist das Brombeerernten ein Vergnügen, denn dann sind die wilden Beeren immerhin fast – nun denn – halb so groß wie die hochgezüchteten Gartenkolleginnen. In magereren Jahren wird das Brombeerbrocken halbzentimeterkleiner Winzlinge zugegebenermaßen zu einer kratzigstacheligen Pein. Bis die verdammte Milchkanne, ein traditionelles Brom- und Himbeergefäß zwischen Vorarlberg und den Karpaten, voll ist, dauert es, und bereits bis aufs Blut zerschunden fühlt man sich vom Anblick noch zu erhaschender Früchte aus sportlichem Ehrgeiz genötigt, immer tiefer in den Schlag hineinzukriechen.

In unseren Breiten herrscht zudem ein geheimer Wettlauf um die wilden Beeren. Es geht natürlich immer darum, früher am Strauch zu sein als die Konkurrenz. Anbetracht bereits frühmorgendlich zertrampelter Wiesen und zerrupfter Schläge entfuhr schon so manchem ansonsten distinguierten Familienmitglied das eine oder andere unstatthafte Wort. „Diese verdammten alten Kräuterweiber“, pflegt meine Mutter in Anbetracht abgeernteter Brombeerhaine traditionell zwischen zusammengebissenen Zähnen hervorzupressen, „haben nichts anderes zu tun als Brombeeren zu ernten.“

Aber wir finden immer noch welche. Suchen Sie an Waldrändern, auf Lichtungen, aber stehen Sie früh auf, wenn Sie ernten wollen, sonst waren wir womöglich schon dort.

Marmelade von wilden Brombeeren

1 kg wilde Brombeeren
800 g Zucker
1 Zitrone

Die Brombeeren mit dem Zucker und dem Zitronensaft mischen, eine Stunde Saft ziehen lassen, dann einmal kurz aufkochen. Über Nacht zugedeckt und kühl stehen lassen. Am nächsten Tag hat man zwei Möglichkeiten: Man kann die Masse entweder durch die Flotte Lotte drehen und so die Kerne entfernen, oder man kann die Kerne drinnen lassen. In jedem Fall nach dieser Entscheidung die entkernte oder die kernige Masse fünf bis zehn Minuten sprudelnd kochen und abfüllen. Über die exakte Kochlänge entscheidet, wie stets, die Gelierprobe.

HELIANTHUS TUBEROSUS

TOPINAMBUR

Wer Topinambur sät, könnte Sturm ernten.

Irgendwann erwarb ich Topinamburknollen, die im Kühlschrank verschrumpelten, bevor sie verkocht werden konnten. Da ich aber gärtnerischen Experimenten nie abgeneigt bin und Essenwegwerfen sündig ist, wurden diese Topinambur-Mumien im Garten eingegraben. Man kann ja nie wissen. Wenn schon Tausende Jahre alten Dattelkernen noch Keimkraft innewohnt, warum nicht auch wenige Tage alten Indianerknollen? Der Topinambur trieb sogar ganz gewaltig aus und erreichte schließlich im Hochsommer eine nicht einmal von den Sonnenblumen einholbare Höhe von gut drei Metern.

Mit Letzteren ist der *Helianthus tuberosus*, der auch noch Erdbirne und Erdartischocke genannt wird, nahe verwandt. Doch während die Sonnenblume schmackhafte Kerne wirft, die niemandem etwas zuleide tun, entwickelt der Topinambur Knollen, die es wahrhaftig in sich haben.

Doch zuerst zur Ernte: Sie fand im November statt, da die Pflanze spät blüht und dabei mit ihren vielen Miniatursonnenblumenblüten recht schön ausschaut, ist es moralisch unmöglich, sie vorschnell zu köpfen. Die Knollenbergung erfolgte nach dem letzten Regen mittels kräftigen beidhändigen Rupfens an den Stängeln, wodurch sich Folgendes offenbarte: Die mickrigen, dürren Knöllchen des Frühlings hatten sich zu gewaltigen Wurzelknollenstöcken verbreitert. Der gefällte Topinambur sah, wie er so dalag, wie ein vom Sturm entwurzelter Baum aus. Und diese Wurzeln wollten wir selbstverständlich sofort verkosten.

Ein Süppchen wurde daraus bereitet, das sämiger nicht hätte sein können, und da die Wurzelknollen, wie berichtet, zahlreich und groß waren, lud man die Nachbarn zum Topinamburfestmahl ein. Es schmeckte allen, Teller wurden geleert, man ging wieder auseinander. Im Laufe der folgenden Tage wurden allerlei Gerüchte verbreitet: von Bauchdrücken und Leibschmerzen, die all jene befallen hätten, die der Suppe zugesprochen hatten. Er habe sich, berichtete der ungenierteste unter den Nachbarn, sicherheitshalber in den Wald begeben, woselbst er die Winde der Flatulenz habe zwanglos und unbeobachtet fahren lassen können. Wie eine Treibjagd habe das geklungen und sei sehr befreiend gewesen. Dem Topinambur stünde man aber fürderhin doch skeptisch gegenüber.

Das ist nicht begründet. Topinambur enthält das Kohlenhydrat Inulin, das erst im Dickdarm abgebaut wird. Die Abbauprodukte fördern die Entwicklung von Milchsäurebakterien, die in der Darmflora sehr begrüßenswert sind. So betrachtet, ist das Inulin ein Gesundheitsförderer, und wer nach Topinamburgenuss anfänglich von Flatulenzen geplagt wird, sollte seine Innereien mit kleinen Mengen an diesen Ballaststoff gewöhnen und langfristig damit verwöhnen. Denn schon nach ein paar Wochen sind sie so dermaßen topinamburtauglich, dass sich kein Lüfterl mehr regt.

Topinamburchips

Topinambursüppchen und -pürrees sind gut und schön, aber versuchen Sie einmal Folgendes: Topinambur schälen, in sehr dünne Scheiben hobeln und in Kokosfett schwimmend und in kleinen Portionen zu knusprigen Chips frittieren. Achtung: Die feinen Scheiben bräunen nach längerem Schmurgeln überaus plötzlich und müssen exakt in diesem Moment aus dem Fett genommen werden. Auf die Küchenrolle mit ihnen, salzen, servieren.

ALLIUM ASCALONICUM

SCHALOTTE

Schalotten schmecken viel feiner und würziger als Zwiebeln und das Schälen ist auch kein Problem, wenn man den Trick kennt.

Wenn schon das Zwiebelschälen eine bekannt ekelhafte Prozedur ist, so ist das Schalottenschälen eine Steigerungsform ins noch Ekligere. Sollte man jedenfalls meinen, denn Schalotten sind viel kleiner als Zwiebeln, und darüber hinaus sind ihre äußersten Häute irgendwie härter und ledriger als Zwiebelschalen.

Doch seit ich einer Superköchin über die Schulter blicken durfte, als sie gerade ein Hühnchen auf Schalottenbett zubereitete, wofür Sie selbstredend ungeheuerliche Mengen dieser kleinen würzigen Feldfrüchte zu schälen hatte, kenne ich den Trick dazu: Legen Sie die Schalotten in eine Schüssel kalten Wassers, beschweren Sie sie mit einem Teller, damit auch alle schön untergetaucht bleiben, und lassen Sie sie eine Viertelstunde oder auch länger da drinnen ruhen.

Nach dieser an Einfachheit kaum überbietbaren Vorbereitungsphase wird das Schalottenschälen zu einem Erlebnis werden, weil es sich so gut wie von allein erledigt. Die solchermaßen gebadeten Schalotten schlüpfen nur so aus ihren Häuten und Sie sparen sich Kummer und Tränen.

Letztere kommen auch nicht auf, wenn Sie Ihre Schalotten aus Steckzwiebeln ziehen und nicht aus den Schalotten vom Vorjahr: Dieses Saatgut ist virenfrei und garantiert weit höheren Ertrag. Auch bei den Schalotten gibt es Sorten zu beachten. Es gibt sie in Rosa, Grau, Gelb, die verschiedenen Sorten sind jedoch – noch – schwierig aufzutreiben.

Schalottenmarmelade

500 g geschälte Schalotten
250 g brauner Zucker
1 TL Salz
Chili

Die Schalotten in sehr feine Viertelringe schneiden und mit dem Zucker und dem Salz vermischen. Sobald sie Saft gelassen haben, lässt man sie zugedeckt unter gelegentlichem Rühren mindestens eine dreiviertel Stunde bei niedriger Temperatur köcheln. Erst wenn die Schalotten sehr weich sind, wird der Deckel entfernt und die Konsistenz der Marmelade durch Einkochen optimiert. Ein bisschen Chili tut der Sache gut, man kann zum Schluss auch groben Steakpfeffer in kleinen Dosen untermischen. Schmeckt zu allem Gebratenem, sowohl Fleisch als auch Gemüse.

Süß eingelegte Schalotten

1 kg geschälte Schalotten
1 l weißer Balsamico
500 ml Wasser
1 kg brauner Zucker
Zitronenschale
Salz

Die Schalotten werden zuerst mit einem Teller beschwert für 24 Stunden in Salzwasser gelegt. Am nächsten Tag Essig, Wasser, Zucker, Salz und ein paar Streifen Zitronenschale aufkochen und über die Schalotten gießen, die Sie natürlich zuvor haben abtropfen lassen.
Die Angelegenheit ruht über Nacht und wird am nächsten Tag aufgekocht und je nach Schalottengröße zehn, fünfzehn Minuten leicht geköchelt. Wieder über Nacht stehen lassen, am nächsten Tag abermals aufkochen, diesmal aber rund eineinhalb Stunden nicht zugedeckt schwach köcheln lassen, bis die Schalotten glasig wirken und weich sind und der Essig-Zucker-Sirup dicklich wird. Das kann aber auch deutlich länger dauern, je nach Beschaffenheit der Ausgangsware. Zuletzt die Schalotten in Gläser füllen, den Sirup gegebenenfalls nochmals ein wenig einkochen und über die Schalotten gießen. Die eingelegten Schalotten müssen durchziehen und werden nach einigen Wochen immer besser.

CORNUS MAS

KORNELKIRSCHE

Alle wollen Dirndln – und nicht die Klügsten, sondern die Schnellsten kriegen die schönsten.

Mit Dirndlsträuchern verhält es sich so ähnlich wie mit großen Brombeerschlägen: Beide sind relativ selten, und deshalb werden beide von einer regional und von Exemplar zu Exemplar schwankenden Menge anonymer Beobachter – meistens Beobachterinnen – über die gesamte Saison hinweg begleitet. Was die wollen, ist ja wohl klar: den Rohstoff für köstliche, unbezahlbare, weil niemals käuflich erwerbbare Marmeladen.

Bereits im Frühling werden die fruchtspendenden Gewächse im spaziergängerischen Vorübergehen auf ihre Blütenmenge geprüft. Bei den Kornelkirschen, hierzulande Dirndln genannt, ist das einfach: Die blühen früher als praktisch alles andere und stehen dann, mit kleinen, gelben Sternchen vielversprechend gesprenkelt, an Feldrain und Waldesrand.

Sehr schön: viele Blüten, viele Früchte. Warmer Tag. Guter Bienenflug. Befriedigte Heimkehr der Spaziergängerinnen.

Aber das heißt noch gar nichts. Der Sommer muss feucht, der Herbst warm sein, und beides natürlich möglichst sonnig. Ab Anfang September herrscht Klarheit: alles voller Dirndln. Noch unreif natürlich, aber nicht mehr lange. Verschiedenste Spaziergängerinnen eilen dann, von Vorfreude erfüllt, von ihren Spionagegängen heim und beginnen sicherheitshalber, kleine Marmeladengläser von Dachböden herunter- und aus Kellern hervorzukramen.

Ab Anfang September wird die Angelegenheit wie jedes Jahr nervenzerfetzend. Die Spaziergänge häufen sich. Die Spaziergängerinnen begrüßen einander bei unvermeidbaren zufälligen Begegnungen mit ausgesuchter Freundlichkeit – „Wie geeeeeht's Ihnen denn?" –, während sie scheeläugig die Dirndlstaude nach etwaigen bereits erfolgten Erntevorgängen überprüfen.

Mein Vorteil liegt in der Geografie – eine prächtige alte Dirndlstaude wächst auf dem Weg gleich hinter dem Haus. Heimvorteil. Ab Mitte September überprüfe ich den Reifegrad so gut wie täglich. Denn erst wenn die Dirndln dunkelrot werden und schon bei der geringsten Berührung abfallen, sind sie reif und brauchbar.

Ein großes altes weißes Leintuch gepackt, unter die Staude gebreitet, ästeweise sanftes Schütteln – und eingesackt sind ein paar Kilo. Tatsächlich bleibt natürlich genug für die anderen. Zumindest für drei, vier von ihnen. Die anderen müssen in anderen Revieren jagen. Was aber alle von ihnen nicht wissen, und was ihnen beizubringen schwierig werden dürfte, ist Folgendes: Es gibt unter den Spaziergängerinnen auch einen Spaziergänger. Er ist mit einem Hund unterwegs. Er weiß nicht, dass ich früh aufstehe. Er ahnt nicht, dass ich sowohl seine als auch des Hundes Angewohnheit kenne, exakt am linken Ende der Staude täglich eine kleine Pause der Erleichterung einzulegen.

Deshalb ein Tipp für alle: Wenn Sie pflücken, pflücken Sie oben.

Dirndlmarmelade

1 kg Kornelkirschen, sehr reif
ca. 250 ml Wasser
ca. 800 g feiner Zucker
1 Vanilleschote

Kornelkirschen in einen Topf füllen, das Wasser dazu, damit nichts anbrennt. Kochen unter gelegentlichem Rühren, bis sich das Fruchtfleisch von den Kernen löst (nach ca. zehn Minuten). Sodann das Ganze zweimal durch die Flotte Lotte drehen: Erst durch den gröbsten Einsatz, anschließend durch den feinsten. Haben Sie dabei Geduld, denn das dauert. Abschließend das Fruchtmus mit dem Zucker und dem Vanillemark etwa zehn Minuten kochen. Gelierprobe und rein in die Gläser. Schmeckt göttlich!

Dirndllikör

700 g Kornelkirschen
700 ml Korn oder Wodka
600 g feiner Kristallzucker

Alle Zutaten in ein großes Glas füllen, mit Folie und Gummiring verschließen, Folie mit einer Nähnadel einmal anstechen und Glasinhalt etwa sechs Wochen auf dem Fensterbrett in der Sonne reifen lassen. Wenn sich der Zucker nur langsam auflöst, so ist das ganz normal. Dann abseihen, vorzugsweise durch einen Seidenstrumpf. Ungetragene sind für diese Zwecke am besten, aber das überlassen wir Ihnen.

Dirndloliven

500 g Kornelkirschen, bereits rot, aber noch hart
250 ml Essig, Sorte nach Geschmack
1 Mokkalöffel Salz

Wenn Sie es sauer mögen, verwenden Sie Weinessig, Liebhaber milderer Varianten greifen zum weißen Balsamico (meine Präferenz). Essig mit dem Salz aufkochen. Die Dirndln in kleine Gläser füllen, mit dem heißen Essigsud übergießen, schließen, mindestens zwei Wochen ziehen lassen, bevor Sie die erste Kostprobe wagen. Wer mag, kann den Sud auch mit Wacholder, Senfkörnern und Ähnlichem würzen. Ist Geschmackssache.

HAGEBUTTE

Nur pur soll uns die Hagebuttenmarmelade aufs Brot kommen.

Mit industriell hergestellten Hagebuttenmarmeladen verhält es sich meist so wie mit der berühmten Rebhuhnpastete Eins zu Eins: ein Rebhuhn auf ein Pferd – was eine unangemessene Streckung der Angelegenheit bedeutet. Wir wollen aber keine Äpfel oder Quitten in unseren Hagebuttenmarmeladen, denn nur die pure Variante ist ein sämiger, aromatischer Hochgenuss. Sie gilt Kennern als eine der Königinnen unter den Marmeladen. Nun hat aber das Hetscherlmarmeladekochen den Nimbus des Mühsamen, weshalb sich nur die wenigsten über wallende Marmeladetöpfe beugen. Mit dieser Mär räumen wir jetzt auf.

Sie werden nicht, wie in unzähligen, von Übereifrigen verfassten Rezepten beschworen, die mühsame Prozedur des Entkernens zentimeterkleiner Hagebutten in Angriff nehmen. Das ist überflüssig und eine Plage, die denjenigen, der sie ausübt, in den Wahnsinn treiben kann. Sie schreiten vielmehr entspannt hinaus in die freie Wildbahn, ernten eine entsprechende Menge Hagebutten, was am besten mit einer feinen Rebenschere vonstatten geht. Dann säumen Sie nicht, weil Hagebutten sehr schnell zu schimmeln beginnen. Sie waschen und putzen die Ernte – sprich: Sie schneiden die Stiele und schwarzen Enden ordentlich ab, das ist Plage genug.

Sodann in einen großen Topf geben und gerade so viel Wasser dazu, dass die oberste Hetscherlschicht bis zu ihrem Äquator benetzt ist. Jetzt unter ständigem Rühren kochen, da sich die Masse gerne anlegt.

Zu diesem Zeitpunkt am besten das Radio aufdrehen, weil die Sache dauert. Je nach Reifegrad muss mit einer Rührstrecke von bis zu 40 Minuten gerechnet werden, die erst dann beendet werden darf, wenn sich ein sämiger Brei gebildet hat. Nun ergreife man die Flotte Lotte und verwende das feinste verfügbare Sieb. Portionsweise geduldig lottieren, die verbleibenden Kerne kompostieren oder die untenstehenden Rezepte beachten. Auf ein Kilo Hagebuttenmus kommen zwischen 800 und 1.000 g Zucker. Fünf bis zehn Minuten kochen, Gelierprobe wie üblich – und rein in die Gläser.

Die Früchte der wilden Hecken- oder Hundsrose sind vorzüglich im Geschmack, aber klein. Wer langfristig in besonders große, besonders vitaminreiche Hagebutten investieren will, kann sich die gezüchtete Sorte „Vitaminrose Pirosa“ zulegen. Die hat nicht nur an die drei Zentimeter große Früchte, sondern auch einen Vitamin-C-Anteil von bis zu 1.200 mg auf 100 g. Zum Vergleich: Zitronen bringen es gerade einmal auf läppische 50 mg.

Hagebuttenmarmelade

Gehen Sie nach der nebenstehenden ausführlichen Beschreibung vor, aber ernten Sie die Früchte möglichst erst nach ein paar ordentlichen Frösten, denn dann werden sie weich. In diesem Fall verläuft der Kochprozess wesentlich schneller. Sollten Sie, aus welchen Gründen auch immer, einen erheblichen Anteil noch harter Früchte in ihrer Beute mit sich tragen, können Sie auch mit dem Druckkochtopf experimentieren. Aber vorsichtig. Zerkochen will man die Angelegenheit ja auch wieder nicht. Wer mag, kann mit dem Zucker in der letzten Kochphase auch Vanillemark hinzufügen.

Hagebuttentee I und II

Wenn Sie selbst Hagebuttentee herstellen wollen, sollten Sie die Kerne sehr wohl vom Fruchtfleisch trennen. Daraus ergeben sich die beiden Teevarianten: der Tee aus den getrockneten Fruchtmänteln und der Tee aus den Kernen. Ersterer soll sehr vitaminreich sein, Zweiterer gilt als altes Hausmittelchen gegen innere Steinbildungen aller Art. Er schmeckt ebenfalls gut.
In jedem Fall sollte der Hagebuttentee I und auch II kalt angesetzt und aufgekocht werden. Also nicht nur übergießen, sondern ordentlich aufkochen. Hebt die Aromen, befördert die Inhaltsstoffe, schmeckt intensiver.
Der Trocknungsprozess erfolgt am besten mittels einer Darre. Geht aber auch ohne, auf Blechen, Tüchern, Nudelbrettern aufgebreitet.

Hagebuttensauce

Berauben Sie sich nicht der Gelegenheit das königliche Fruchtkonzentrat, das so eine Hagebuttenmarmelade darstellt, experimentell in allerlei Braten-, vor allem aber Wildbratensaucen einzurühren. Gerade Hirsche und Hagebutten vertragen sich posthum ausgezeichnet.
Eine Variante kann folgendermaßen aussehen:
Etwas Rotwein, ein Schuss Cognac, ein paar Esslöffel Hagebuttenmarmelade werden in den Bratenfond eingerührt und mit ein paar Esslöffeln Rahm (Saure Sahne, für die nordwestlichen Nachbarn) abgerundet. Salzen und pfeffern nach Bedarf. Fehlt es an der Säure, was Ihnen Ihre Geschmackspapillen und Ihr Gefühl verraten werden, kommt ein Spritzer Zitronensaft dazu.

Juckpulver

Zugegebenermaßen ein übler Scherz aus kindlichen Zeiten, doch oft nachgefragt und hier verschämt präsentiert: Die getrockneten, ein wenig gemörserten Hagebuttenkerne führen Pennäler aller Altersklassen zum Ziel. Über mögliche unerwünschte Nebenwirkungen informiert Sie Ihr Arzt und vor allem der Lehrkörper …

CYDONIA OBLONGA

QUITTE

Auf die richtige Sorte kommt es an, soll der Quittenkäse nicht zu Leder werden.

Jahrelang war es eine einzige Plage mit den Quitten und mit mir. Quittenkäse wollte ich kochen, denn der ist unter den Gaumenweiden eine der besten. Ich konnte es aber nicht, das Quittenkäsekochen.

Der erste, an dem ich mehrere Stunden – mit hölzernem Löffel und beschwörenden Formeln auf den noch lächelnden Lippen im Dampfe stehend – rührte, geriet zu einer Art Büffelederwams, aus dem ich die entsprechende Form, in die ich die noch heiße, und, wie mir schien, zur gerade rechten Viskosität niedergekochte Quittenkäsemasse goss, nur sehr schwer wieder herausschälen konnte, sobald sie ausgekühlt und erstarrt war.

Der zweite Quittenkäse, an dem ich schon etwas verbissener, gleichwohl ebenfalls mehrere Stunden in großer Konzentration ohne eine einzige Unterbrechung rührte, hatte nach dem Abkühlen die Konsistenz eines vorgekauten, überzuckerten Gummibärchen-Quargels und war auch nicht das Wahre.

Der dritte Quittenkäse brannte an.

Dem vierten Quittenkäse schickte ich einen Hilferuf voran, und viele Quittenexperten eilten mir mit freundlicher Unterstützung und ihrem Wissen zu Hilfe. Dennoch misslang er abermals. Da ging ich hinaus in meinen Garten und starrte meinen Quittenbaum anklagend an. Um uns war nichts als Nebel und herbstliche Finsternis. Doch das stimmt nicht ganz, denn neben dem großen hatte ich, die hoffnungslose Quittenliebhaberin, später auch noch ein kleines Bäumchen gepflanzt: eine ungarische Birnenquitte. Nur zwei Früchte hingen daran. Doch die waren groß und wogen schwer wie meine letzte Hoffnung.

Mit diesen beiden Prachtquitten legte ich nächtens einen Quittenkäse hin, wie er selten zuvor war. Da ich mein Glück kaum fassen konnte, besorgte ich mir sicherheitshalber noch einmal eine weitere Quittensorte, und wieder gelang der Käse aufs Köstlichste. Seither bin ich geläutert, ich gehe milde durch den Herbst. Der Apfelquittenbaum, dessen Früchte stets zu Leder wurden, musste einem anderen weichen.

Wählen Sie die Sorte, die Sie setzen wollen, also sehr sorgfältig aus. Ich kann guten Gewissens eine Empfehlung für die ungarische Birnenquitte abgeben. Die hat mir jedenfalls meine Köchinnenwürde zurückgegeben.

enheit nicht dick werden
e immer gibt die Gelier-
uskunft darüber. Die
Konsistenz ist nur durch
che Studien erreichbar,
Sie aber mit einem säuer-
ischen, nicht zu festen
das auf Gebäck, Kuchen und
neben Braten und Paste-
steigern Sie die Menge, wenn ... ore macht.

Quittenkäse

Die Quitten mittels eines frischen Abwaschschwämmchens und Wasser vom Pelze befreien. Ungeschält und samt Kerngehäuse in gefällige Stücke von drei, vier Zentimetern Länge schneiden und mit Wasser bedeckt so lange kochen, bis sie die Konsistenz weichen Apfelkompotts haben. Ein großes Sieb mit einem alten und selbstverständlich säuberlichen Geschirrtuch auskleiden und die Quittenmasse über eine gute Stunde darin abtropfen lassen. Mit dem aufgefangenen Saft bereiten Sie das Quittengelee.

Die Quittenstücke hingegen befördern Sie in die Flotte Lotte. Ich bevorzuge die feinste Lochung, aber das ist Geschmacksache. Das Mus wird abgewogen, auf ein Kilogramm kommen zwischen 700 und 800 g Zucker. In einen Topf damit, ein Handschuh angezogen wegen der Gefahr blubbernder Verbrühung - und ab nun wird gerührt ohne Unterbrechung. Der Rest ist Gefühlssache. Je länger Sie die Masse kochen, desto dunkler und röter wird sie. Mitunter ist der Käse aber bereits nach einer halben Stunde fertig. Gelierprobe machen! Die Masse noch heiß auf ein Kuchenblech streichen, Höhe nach Belieben zwischen einem halben und mehreren Zentimetern, wo sie erstarrt und leicht herausgelöst werden kann.
Sie können sie sodann zu gefälligen Formen schneiden oder ausstechen, in Kristallzucker oder Nusssplittern oder Kokos wälzen oder mit Blauschimmelkäse oder anderen Käsen servieren. Toben Sie sich einfach aus.

APFEL

Strudeläpfel, Tafeläpfel, Mostäpfel – das Universum der Apfelsorten ist groß und es lohnt sich dessen Erforschung.

Es gibt, man wird es kaum glauben, weltweit etwa 30.000 Apfelsorten. Man müsste über 82 Jahre alt werden, wollte man sein Leben lang jeden Tag eine davon verkosten. Diese ungeheure Sortenvielfalt zeigt, wie elementar diese Frucht stets für den menschlichen Gaumen war, doch spiegelt sich dies bedauerlicherweise nicht einmal andeutungsweise in den Obstabteilungen der Supermärkte wider.

Die Situation bessert sich aber zusehends, das Angebot beginnt, die langweiligen Sorten Golden Delicious & Co hinter sich zu lassen, und einige Supermarktketten nehmen mittlerweile auch lokale Sorten in ihr Sortiment auf. Das kann natürlich gar nicht genug begrüßt werden, denn zum einen spart das den Treibstoff für transkontinentale Transporte. Wozu neuseeländische Äpfel im Herbst hier in Europa, wo sich die Apfelbäume biegen? Zum anderen gibt es im Universum der Apfelsorten dermaßen viele Köstlichkeiten und Spezialitäten zu entdecken, dass eine entsprechende Reise dringend unternommen werden sollte.

Äpfel sind nach Zitrusfrüchten und Bananen die drittwichtigste Welthandelsfrucht. Sie stammen ursprünglich aus Zentralasien und kamen wahrscheinlich über die Wege der Seidenstraße nach Europa. Mit ihrer Veredelung beschäftigten sich bereits die Römer, die wichtigsten Apfelsortenzüchter waren aber die Mönche des Mittelalters.

Wer mit Äpfeln kochen will, sollte auf jeden Fall mit den Sortenunterschieden spielen, die zur Verfügung stehen. Ein Apfelstrudel, mit kleinen sauren Strudeläpfeln gebacken, schmeckt nun einmal um Längen besser als einer mit süßen, großen, für anderes womöglich hervorragend geeigneten Speiseäpfeln. Oder ein frisches Apfelmus aus Cox Orange – um nur einen besonders guten und auch recht bekannten Apfel herauszuklauben aus dem Apfelkorb – ist eine der kulinarischen Sensationen, mit denen man kleine Kinder zum Genuss von Früchten verführen kann.

Welche der 30.000 Sorten Ihren persönlichen Geschmack trifft, müssen Sie natürlich genüsslich im Selbsttest herausfinden. Nur ein Tipp: Wenn Sie Äpfel zu Gelee und Marmelade einkochen wollen, sollten Sie auf jeden Fall die säuerlichen Sorten wählen. Die vertragen den Zucker, ohne später langweilig zu schmecken, und sie gelieren auch wesentlich besser. Versuchen Sie die hier angeführten Rezepte auch mit anderen Kräutern wie Salbei oder Minze oder was auch immer Ihnen einfällt. Testen Sie sich durch, denn gesund ist die Angelegenheit bekanntlich auch noch.

Apfelmarmelade mit Thymian

1 kg Apfelmus
700 g Zucker
Saft einer Zitrone
2 Zweige Thymian, abgerebelt

Besorgen Sie sich säuerliche Äpfel, am besten von einem Bauern oder einem herrenlosen Baum in der Umgebung. Die findet man, man muss nur ein bisschen spazieren gehen. Die Äpfel schälen, entkernen, achteln, mit etwas Wasser und dem Zitronensaft zugedeckt vorsichtig zu einem Mus kochen. Durch ein Sieb streichen oder durch die feinste Lochung der Flotten Lotte drehen. Abwiegen. Mit der entsprechenden Menge Zucker und den Thymiannadeln rund zehn Minuten sprudelnd kochen und abfüllen.

Apfelgelee

1 kg Äpfel
ca. 700 ml Wasser
200-300 g Zucker

Apfelgelee lässt sich auch aus frisch gepresstem Apfelsaft herstellen, doch es gibt eine elegantere Variante, bei der die Farbe viel schöner bleibt und nicht ins Bräunliche kippt und die ein glasklares Gelee hervorbringt, in das Sie, wenn Sie wollen, allerlei Kräuter, Mandelsplitter, was auch immer eingießen können wie in Bernstein: Die ungeschälten säuerlichen Äpfel mit Kerngehäuse vierteln und mit dem Wasser so lange zugedeckt vorsichtig kochen, bis sie zerfallen. Nicht umrühren! Im Sud erkalten lassen. Über Nacht durch ein Mulltuch abtropfen lassen. Das ergibt rund 600 ml Flüssigkeit, die Sie mit 200 bis 300 Gramm Zucker in wenigen Minuten einkochen.
Bald Gelierprobe machen, manche Äpfel gelieren sehr schnell, und abfüllen.

BIRNE

Kapriziöser als der Apfel ist die viel rascher verderbliche Birne, die in mancher Hinsicht jedoch charaktervoller sein kann.

Mit einem Birnenbaum, genauer gesagt mit einer noch jungen Williams-Christ-Birne, begann meine hoffnungsvolle Nebenkarriere als Obstbaumgärtnerin und Pomologin. Ich war ungefähr acht, als der Großvater den schon recht stattlichen, zumindest zwei Meter hohen Baum setzte, den Erdboden abschließend rundherum sorgfältig „antrat", um ihn zu verdichten und um eine „Gießmulde" herzustellen, aufdass die Regenwasser gefasst und zum Wurzelballen geleitet würden.

Nach getaner Arbeit saßen wir im Gras, betrachteten das schöne Bäumchen, und der Großvater erzählte über die Wunder der Aromen, die der Williamsbirne innewohnten. Im 18. Jahrhundert sei sie in England von einem gewissen Williams gezüchtet worden, und unter den rund 5.000 Birnensorten sei sie eine der besten. Er plane, ihre Früchte nicht nur der weiteren Familie gewissermaßen zum Fraße vorzuwerfen, sondern wolle sie später einmal auch zu Schnaps brennen. Vielleicht sei gerade das aber ein Detail, das die Großmutter nicht unbedingt wissen müsse.

Das Beste war seine Erzählung von den ganzen Birnen, die von findigen Birnenbauern und Schnapsbrennern in Glasflaschen gefangen wurden, indem sie diese im Frühjahr über bestäubte Blüten stülpten und bis in den Herbst hinein am Baum beließen. Großartig, dachte ich schon damals, was die Menschen mit Pflanzen und Früchten, mit der Natur und ihren Gaben alles an Wundervollem anfangen können.

Dieser Baum existiert heute noch. Seine Birnen sind Jahr für Jahr wieder ein Genuss. Der Schnaps, der aus ihnen gebrannt wurde, ist längst getrunken. Man sollte doch tatsächlich auch diese schöne alte Sitte wieder hervorholen und die nebelige Spätherbstluft mit dem Aroma frischen Brandes tränken. Derweilen beschränke ich mich aber auf die Lobpreisung des Birnenhonigs, der mit Honig rein gar nichts zu tun hat und den man natürlich nicht nur aus Williamsbirnen herstellen kann. Als probat hat sich auch die Sorte „Kaiser Alexander" erwiesen, doch sind Ihrer Experimentierfreude keine Grenzen gesetzt. Nur bitte: Probieren Sie den Birnenhonig unbedingt aus, er zählt zum Besten, was die Birne hergibt.

Birnenhonig

1 l Birnensaft, frisch gepresst
ca. 300 g Zucker
Saft einer Zitrone

Saft und Zucker aufkochen und rund vierzig Minuten köcheln lassen, ohne allzu oft umzurühren. Irgendwann beginnt die eingekochte Masse stärker zu schäumen – ein Zeichen dafür, dass der Honig sich zur Vollendung neigt. Lassen Sie immer wieder ein paar Tropfen auskühlen, prüfen Sie die Konsistenz, dicken Sie nach Belieben ein. Sofort in kleine Gläser abfüllen. Schmeckt beispielsweise wunderbar zu Hühnerleberpastete mit grünem Pfeffer und zu starken, alten Stinkekäsen.

PRUNUS DOMESTICA SUBSP. DOMESTICA

HAUSZWETSCHKE

Die Hauszwetschke ist die kleinere, aber deutlich aromatischere Schwester der großen, wesentlich verbreiteteren Edel-Pflaume.

Wie bereits im Kapitel über die Mirabellen erwähnt, ist die Familie der *Prunus* eine äußerst weit verzweigte und komplizierte. Die Hauszwetschke nimmt in dieser großen Sippschaft eine kleine Sonderstellung ein, denn sie wird zum überwältigenden Teil lediglich privat genutzt oder zu Schnaps gebrannt. Diese Sorte ist sehr alt, sie geht zumindest bis in das Mittelalter zurück.

Im Gegensatz zu anderen *Prunus*-Vertreterinnen reifen Hauszwetschken nur direkt am Baum so richtig aus und sind dementsprechend schwierig in den Handel zu bringen und zu vermarkten. Die reifen Früchte verderben einfach viel zu schnell. Moderne, haltbare Pflaumensorten haben bessere Chancen, im Obstregal zu landen. Die Früchte der Hauszwetschke hingegen wandern am besten gleich direkt vom Baum in Mund, Backofen oder Kochtopf.

Vor allem im Süden Deutschlands und in Österreich gibt es eine Menge regional durchaus leicht variierender Hauszwetschkensorten, die jedoch alle eines gemein haben: vergleichsweise kleinere, süß-säuerliche Früchte, deren kompaktes, festes und meist gelbgrünes Fruchtfleisch sich perfekt von den Kernen löst und die somit ideal geeignet sind für Spezialitäten wie Zwetschkenfleck, Zwetschkenröster oder den guten alten Powidl, dieses aufwendig herzustellende Zwetschkenkonzentrat.

Mit Pflaumen funktioniert derlei sicher nicht, die sind viel zu saftig, was zweifelsohne wieder andere Qualitäten mit sich bringt. Wir wollen die Guten ja nicht desavouieren. Doch die Hauszwetschke ist die Aromasiegerin, da führt keine Debatte daran vorbei. Versuchen Sie, in Ihrer Umgebung jemanden mit einem Zwetschkenbaum zu finden. In guten Zwetschkenjahren ist die Ernte eines durchschnittlich großen Baumes ohnehin nie von einer Familie oder gar einer Person verwertbar. Die Bäume tragen reichlich, wenn sie gut gepflegt sind und vor allem in ihrer Jugend zu einer ordentlich breiten Krone erzogen wurden, was Sie sich bitte hinter die Ohren schreiben, wenn Sie sich, was ich hoffe, nun einen solchen Baum zulegen.

Vielleicht sollte man sich generell zu regionalen Baum-Sharing-Communities verbünden. Nach dem Motto: „Ich geb dir im Herbst von meinen Zwetschken, gib du mir im Sommer von deinen Kirschen", könnte es sich doch gemütlich übers Jahr zusammenleben lassen. Was meinen Sie?

Zwetschkenmarmelade mit Kirsch

1 kg Zwetschken, halbiert und ohne Kern
800 Zucker
Saft einer Zitrone
2 Stamperl Kirschwasser

Die Zwetschken mit dem Zucker und dem Zitronensaft mischen und ein, zwei Stunden warten, bis sie Saft gelassen haben. Vorsichtig aufkochen, ein, zwei Minuten kochen und über Nacht zugedeckt ruhen lassen.

Am nächsten Tag bleibt Ihnen Folgendes nicht erspart: Fischen Sie alle Häute einzeln aus der Zwetschkenmasse. Das geht schneller, als man meint, wenn man einfach die Finger dafür nimmt. Anschließend wird die Masse fünf bis zehn Minuten gekocht, bis die Gelierprobe gelingt. Dann den Kirsch unterrühren. Vorsicht, das kann ganz schön aufschäumen. Abfüllen und beispielsweise zu Mürbgebäck probieren.

SORBUS AUCUPARIA

VOGELBEERE

Früher waren die heute fast vergessenen Beeren der Eberesche wichtige Vitamin-C-Lieferanten, heute stehen sie vielleicht am Anfang einer neuen kulinarischen Entwicklung.

Die Vogelbeeren stammen von der Eberesche *Sorbus aucuparia*, einem zierlichen und ausgesprochen hübschen Baum, der nicht sehr groß wird und Blätter hat, die aus der Ferne betrachtet fein wie Federn wirken. Die Eberesche hat mit der Gattung der Eschen, *Fraxinus*, nichts zu tun, sondern gehört zu den Kernobstgewächsen und hier wiederum zu den Mehlbeeren. Wie der Name Vogelbeere unschwer erkennen lässt, lieben zumal die Vögel die kleinen rot-orangen Früchte, die der Baum im Herbst in reichen Mengen trägt, aber auch Füchse und Dachse und natürlich eine Menge Insekten laben sich an ihnen.

Menschen, die es diesen Tieren gleichtun wollen, müssen sich bis in den Frost hinein gedulden und sich dann mit der Beerenernte ziemlich beeilen. Denn so wie die Schlehen brauchen auch die Vogelbeeren ein paar echte Eisnächte, um Gerb- und Bitterstoffe abzubauen, und ab diesem Moment herrscht ein Wettrennen unter den Tieren, wer die meisten abbekommt.

Vor dem Frost sind die Vogelbeeren so gut wie ungenießbar: sehr sauer, absolut bitter, grauenhaft im Geschmack. Das ändert sich, wie gesagt, mit der Eiseskälte. Es gibt aber auch eine Zuchtform der Eberesche, die von vornherein wesentlich süßer und gerbstoffärmer ist. Diese Sorte heißt schlicht Essbare Vogelbeere *Sorbus aucuparia var. edulis* und bildet ebenfalls grell orange, möglicherweise sogar etwas größere Beeren aus, die ab Spätsommer auch optisch ein absoluter Genuss sind.

Vogelbeeren lassen sich zu allerlei verarbeiten. Früher stellte man auch Vogelbeerrosinen her, doch gebräuchlicher ist es, die kleinen Kugelfrüchte zu Marmelade zu verkochen und wie Preiselbeeren zu Braten, hier vor allem Wild, zu servieren. Das Vogelbeergelee ist eine mildere Variante und eventuell der Einstieg für noch Unerfahrene in die Welt der wilden Früchte.

Geben Sie den Beeren aber wirklich die Zeit, um am Baum zu reifen. Ihr Aroma bleibt immer ein klein wenig bitter, ist aber eine aufregende kulinarische Entdeckung, sowohl in Kombination mit Pikantem als auch Süßem. Betrachten Sie das Vogelbeergelee als Ausgangspunkt für eine experimentelle Wanderschaft, die von Pasteten über Bratensauceveredelungen bis hin zu aromatischen Dessertschäumchen reichen kann.

Denn dafür wurde dieses Buch recherchiert und geschrieben: damit Sie Lust bekommen, sich wild und mit der schieren Freude am Tun in Garten und Küche und nicht zuletzt an der Speisetafel auszutoben. Oder, wie der hochverehrte Michel de Montaigne zu sagen pflegte: „Das Meisterstück eines Menschen, auf das er besonders stolz sein kann, ist, sinnvoll zu leben: Alles Übrige – wie Regieren, Schätze sammeln, Bauten errichten – sind Nebensachen.“

Vogelbeergelee

500 g Vogelbeeren
500 ml Wasser
300 g Apfel in Spalten
ca. 200 g Zucker

Die entstielten Vogelbeeren und die Apfelspalten etwa eine halbe Stunde zugedeckt köcheln. Über Nacht stehen lassen. Am nächsten Tag durch ein sehr feines Sieb seihen und mit dem Zucker rund acht Minuten kochen, bis die Gelierprobe gelingt. In möglichst kleine Gläschen füllen. Sie werden das Gelee nur in kleinen Mengen verbrauchen.

WINTER

PRUNUS SPINOSA

SCHLEHDORN

Neben Vögeln gibt es auch menschliche Schlehenfresser, die spät im Herbst an den Beeren naschen wollen.

Es passiert nicht jedes Jahr – aber doch fast jedes. Wenn es der Fall war, so ist das immer höchst ärgerlich: das Phänomen des plötzlichen Schlehenverschwindens im Spätherbst über Nacht. Am einen Tag hängen die Sträucher noch voller Beeren. Am nächsten Tag steht man mit offenem Mund und dem Eimerchen am Arm vor leeren Ästen und fragt sich, wo die Dinger jetzt eigentlich alle hingekommen sind. Immerhin muss man ein volles Jahr warten, bis wieder der richtige Zeitpunkt gekommen ist, denn Schlehen sind kein globalisiertes Obstzeug wie Bananen, Äpfel, Kiwis, sondern echte lokale und saisonale Raritäten.

Die Antwort, wohin sie mitunter so rasend schnell verschwinden, liegt natürlich auf der Hand: Die Vögel lieben sie, die Schlehen, und da zumal Krammetsvögel, Meisen und Amseln kluge kleine Bestien sind, wissen die ganz genau, wann der beste Zeitpunkt gekommen ist, um in Scharen herniederzustoßen und in wenigen Momenten ganze Schlehenhecken leer zu fressen. Womöglich während Sie gerade das Einkochzeug und die Marmeladengläser für Ihre Schlehenprodukte herräumen.

Es sei den Vöglein wirklich vergönnt, denn wie sie warten ja auch wir auf exakt diesen Zeitpunkt, wenn die Schlehbeeren die ersten Fröste hinter sich haben und die Tannine und Gerbstoffe, die sie in unreifem Zustand so unglaublich sauer und adstringierend machen, zurückgebildet wurden. Hier ein wichtiger Hinweis: Alle Vorschläge, dieser Prozess sei durch Einfrieren noch nicht reifer Beeren simulierbar, sind graue Theorie: Es tut sich wenig, die Gerbstoffe entfernen sich laut Wissenschaft nur, solange die Beeren am Holz hängen. Der Frost erteilt sozusagen den Befehl dazu.

Ich, als alte Skeptikerin, habe dennoch beides probiert und festgestellt: kein Vergleich. Die besten Schlehen sind immer diejenigen, die schon ein kleinwenig runzelig am Strauch hängen, innerlich aber noch saftig genug sind.

Die Schlehe *Prunus spinosa* ist eng mit der Pflaume *Prunus domestica* verwandt, was allerdings geschmacklich nicht nachvollziehbar ist. Auch nach dem Frost bleibt ihr Aroma sehr eigenwillig und mag nicht jedermanns Sache sein. Doch ihre säuerliche Persönlichkeit lässt wundervolle Experimente sowohl in der süßen – Schokolade! – als auch der pikanten Abteilung – Wild! – Ihrer Kochkunst zu.

Am besten Sie setzen eine Schlehe in Ihren Garten. Dann können Sie die Sache mit der Ernte im Auge behalten und tun zudem der heimischen Vogelwelt einen großen Gefallen. Denn die hat Schlehenhecken nicht nur zum Fressen gern, sondern schätzt sie auch aufgrund ihrer wehrhaften Stacheligkeit als hochbeliebten Nistplatz.

Schlehenlikör

1 kg Schlehen
1 l Wodka
800 g brauner Kandiszucker

Alle Zutaten in ein großes Glasgefäß füllen, mit Zellophan verschließen, Folie mit einer Nähnadel einmal anstechen und das Glas mindestens sechs Wochen auf dem Fensterbrett in die Sonne stellen. Gelegentliches gekonntes Schütteln aus dem Handgelenk zum Zwecke sogartiger Flüssigkeitsbewegungen im Inneren sind nicht unerwünscht. Danach durch einen Seidenstrumpf seihen und abfüllen. Ich finde diese puristische Variante ohne weitere Gewürze die reizvollste, doch können Sie nach Belieben und nach Launen die Zutaten durch etwas Orangenschale ergänzen und auch Vanilleschoten oder Zimt zusetzen.

Schlehengelee

700 g Schlehen
350 g Zucker
Saft einer halben Zitrone
ca. 200 ml Wasser

Die Schlehen mit Zitronensaft und Wasser etwa eine Viertelstunde unter ständigem Rühren ganz weich kochen. Dann durch ein Sieb streichen, um die Kerne und Häute loszuwerden. Pro 500 g passierter Masse 350 g Zucker - oder auch etwas weniger - unterrühren, rund zehn Minuten kochen, bis die Gelierprobe zur Zufriedenheit gelingt. In kleine Gläschen abfüllen. Schmeckt vorzüglich zu allem Schokoladigen von Eis bis Kuchen, begleitet aufs Reizendste Pasteten und kann, in Fleischsaucen eingerührt, veredelnde Wirkungen entfalten.

MESPILUS GERMANICA

MISPEL

Nur Ignoranten können der Mispel den Titel „Hundsarsch" verliehen haben.

Der Geruch ist herbstlich, säuerlich, herb. Ein bisschen Süße. Viel Aroma. Ein dunkler, markanter Duft. Der Anblick: dunkel-goldbraun glänzend, prall rund, Durchmesser etwa vier Zentimeter, ein gebauschter, krönchenartiger Abschluss. Und der Geschmack? Sehr weiches, musiges Fruchtfleisch, süß-säuerlich, insgesamt frisch. Aufpassen auf die nicht zu kleinen harten Kerne, also sehr vorsichtig beißen.

Bedauerlicherweise ist den wenigsten dieser Genuss beschieden, weil die Mispel, auch Eschperl, Aschperl oder Hundsarsch genannt, weitestgehend in Vergessenheit geraten ist. Selbst Leute, in deren Gärten noch irgendwo verloren ein paar Mispelbäume vergangener Obstgartenepochen herumstehen, wissen im seltensten Fall, was da wächst. Sie sollten sofort hinauseilen und eine Verkostung vornehmen. Im November ist die ideale Zeit dazu.

Denn erst so spät werden die Mispeln reif. Sie zählen zu den letzten Früchten des Jahres. Wie Hagebutten und Schlehen brauchen sie ein, zwei ordentliche Fröste, um weich und süß zu werden. Solange sie noch hart sind, schmecken sie grauenvoll. So, dass es einem, wie der Volksmund zu sagen pflegt, das Hemd hinten hineinzieht. Erst weich werden sie genießbar.

Der Titel „Hundsärsch" für diese netten Früchte kann nur bei Einsatz äußerster Fantasterei nachvollzogen werden. Positivere Charaktere denken sich die frech abstehenden Kelchblätter auf den Früchten eher als Krönchen denn als hündischen Arsch, also wirklich. Die *Mespilus germanica* ist generell ein sehr ansehnliches Gewächs. Auch ihr lateinischer Name ist irreführend, weil die Pflanze aller Wahrscheinlichkeit nach aus dem westasiatischen Raum stammt. Doch da sie bereits von Griechen und Römern verbreitet wurde, lässt sich ihre Herkunft nicht mehr exakt feststellen.

Mispelbäume bleiben klein, sie bilden breite, schöne Kronen. Ihre ledrigen dunklen Blätter sind leicht befilzt und werden bis zu zwölf Zentimeter lang. Groß und sehr ansehnlich sind auch die weiß-rosa Blüten, die Ende Mai, Anfang Juni in verschwenderischer Menge geöffnet werden. In unseren Breiten gibt es wilde Mispeln mit kleineren Früchten sowie diverse Kulturformen mit größerem Fruchtstand. Letztere bekommt man in guten Baumschulen. Es zahlt sich nicht aus, die Pflanzen aus Samen zu ziehen, es stehen etwa ein halbes Dutzend Zuchtsorten zur Verfügung. Die stammen alle aus längst vergangenen Zeiten, als die Mispel noch allseits wertgeschätzt wurde und ein wichtiger herbstlicher Nahrungs- und Vitaminlieferant war. Ausprobieren, unbedingt!

Mispelkäse

Die reifen Mispeln werden einzeln ausgedrückt, sodass die ledrige Haut als Abfallprodukt auf den Kompost wandern kann. Das Mus wird durch ein feines Sieb gestrichen, um die Kerne auszusondern. Abwiegen und etwa drei Viertel des Gewichtes an Zucker zusetzen. In einen Topf mit dickem Boden damit und unter ständigem Rühren einkochen, bis sich die Masse fast vom Boden löst. Lassen Sie Ihr Gefühl sprechen, der Vorgang dauert rund eine Viertelstunde. Die Masse kommt in mit Öl fein ausgepinselte Formen und kann nach dem Erkalten wie Quittenkäse (siehe S. 134) verwendet werden.

Ofenmispeln mit Marzipan

Noch nicht ganz reifen Mispeln schneiden Sie das Krönlein ab und füllen in die natürliche Trichterform, die sich darunter befindet, eine entsprechende Menge Marzipan. Die solchermaßen behandelten Mispeln kommen in formschönen Anordnungen in flache Porzellanformen, die zuvor mit Butter ausgestrichen wurden. Ein paar Butterflocken drauf und in den Heißluftofen damit bei 180 °C. Nach rund zwanzig Minuten sollten sie durch sein. Die Marzipanmispeln können sowohl kalt als auch warm gegessen werden. Und noch einmal: Geben Sie beim Beißen auf die Kerne acht!

CAPSICUM FRUTESCENS

CHILI

Dürsten und hungern müssen die Chilis, dann werden sie aromatisch und scharf.

Spätestens ab Februar werden die Weichen für die Chilis gestellt. Wenn draußen noch der Frost an Gesträuß und Geschöpf nagt, versenkt die Chili-Gemeinde bereits andächtig die Samen dieser scharfen unter den Paprikagewächsen in den Anzuchtkistchen und Blumentöpfen auf ihren Fensterbänken. Das ist dann ein bisschen, als würde man den Sommer anpflanzen und so der Wärme vorgreifen.

Chilis sind die ersten Gemüsegartengewächse, die man vorziehen kann. Viele Wochen vor den Tomaten, Gurken, Kürbissen. Die Vertreterinnen der Gattung *Capsicum* keimen langsam, wachsen langsam, brauchen eine lange Vorlaufzeit, bis sie dann im Mai in magere sandige Erde und in volle Sonne ausgepflanzt werden wollen. Und kurz muss man sie halten: Je mehr man diese genügsamen Pflanzen kasteit, je härter man sie dürsten und hungern lässt, desto intensivere Aromen treiben sie in ihre Früchte.

Es wäre riskant, an dieser Stelle über die unterschiedlichen Qualitäten der Hunderten bekannten Chilisorten zu urteilen. Das überlasse ich lieber den Expertinnen und Experten sonder Zahl, denn kaum ein Gemüse hat eine eingeschworenere Anhängerschaft als diese scharfen kleinen Südamerikanerinnen. Ihre Schärfe wird übrigens wissenschaftlich vermessen und in Scoville-Einheiten angegeben, und jedes Mal, wenn eine besonders scharfe Messung ruchbar wird in der Chili-Gemeinde, herrscht weltweit größte Aufregung und reges Interesse an den Samen.

Wie viel Scoville das saumäßig scharfe Würzöl maß, das ich einst in einer brasilianischen Churrascaria über meine schwarzen Bohnen träufeln durfte, kann ich nicht ermessen. Doch dieses offensichtlich selbst hergestellte Chiliöl war um so viel besser als alles, was man in Europa an roten scharfen Saucen zu kaufen kriegt, dass ich in die Küche eindrang und eine resolut dort werkende Köchin nach dem Herstellungsprozess fragte (siehe Rezept).

Die traditionelle südamerikanische Dosierung erfolgt übrigens sehr schlau mittels Strohhalm: Der wird je nach gewünschter Ölmenge in die entsprechende Tiefe der Ölflasche gesteckt, sodann oben mit dem Zeigefinger abgedeckelt, über den Teller transportiert und dort löschflugzeugartig entleert. Ein kluges System. Funktioniert natürlich auch mit anderen fein zu dosierenden Substanzen und über Kochtöpfen, eh klar.

<u>Scharfes Chiliöl</u>

Es gibt zwei Möglichkeiten, die aber immer folgendermaßen ihren Ausgang nehmen: Scharfe Chilis Ihrer Wahl von den grünen Enden befreien und mit welchen Hilfsmitteln auch immer, ob Cutter, Messer oder anderem, zu kleinen Stücken verarbeiten.

Variante 1:
In ein Glas- oder Porzellangefäß füllen, mit Olivenöl vollständig aufgießen, zwei bis drei Tage bei gelegentlichem Schütteln ziehen lassen. Achtung: Wenn nicht alle Teile gut ölbedeckt sind, droht Schimmelgefahr! Dann durch einen Kaffeefilter abseihen.

Variante 2:
Die fein geschnittenen Chilis kurz mit der entsprechenden Menge Öl aufkochen, im Öl erkalten lassen und durch einen Kaffeefilter abseihen.

Parmesanchips mit Chili

Extra reifen Parmesan grob reiben, je nach Schärfebedarf fein gehackte Chilis dazumischen und die bröselige Masse sehr dünn auf einem mit Backpapier ausgelegten Backblech verteilen. Bei 240 °C Umluft unter ständiger Beobachtung etwa acht Minuten backen. Die Zeit hängt aber stark von der Beschaffenheit des Käses ab, der besser trocken als feucht sein sollte. In exakt jenem Moment herausnehmen, in dem der Käse zu bräunen beginnt. Ist die Angelegenheit gelungen, können die abgekühlten Parmesanchips in Stücke gebrochen serviert werden.

ZINGIBER OFFICINALE

INGWER

Werfen Sie im Frühjahr Ingwerknollen in die Erde, damit Sie im Winter genug davon haben.

Aadrak wird der Ingwer von den Punjabi genannt, Sinjibil von den Somaliern, Inji Ver von den Tamilen – woraus sich im Übrigen mit einigen Umwegen das britische „Ginger" ableitet. Die Briten haben als umtriebige Europäer den Ingwer dank ihrer kolonialen Talente als Erste in das eigene Kulturgut aufgenommen. Doch damit die unvergleichliche Wurze nicht den halben Globus umrunden muss, bis sie mich erreicht, bin ich zur Gegenkolonialisierung übergegangen und ziehe meinen Ingwer selbst. Nicht zuletzt, weil er ganz frisch noch besser ist.

Das Großartige dabei ist die Entdeckung des Folgenden: Nicht alle Teile der Wurzel sind gleich. Die älteren Teile sind faseriger, trockener, schärfer, würziger. Die müssen in die Kochtöpfe. Die jüngeren Wurzeln hingegen zeichnen sich durch einen frischeren, milderen Geschmack aus und sind saftiger und fast faserfrei. Die müssen roh gegessen oder zu Tees verarbeitet werden. Auch das Kandieren derselben soll machen, wer's beherrscht – und mir sogleich das Rezept übersenden, denn all meine Bemühungen in dieser Hinsicht schlugen bis dato eher ins Klebrige um.

Doch bevor all diese die Lebenszeit verschönernden Experimente zelebriert werden können, müssen Sie Folgendes tun: Sie erwerben den letzten plastikverpackten Ingwer für lange Zeit. Den teilen Sie in seine Segmente und versenken diese in nicht zu tiefe, jedoch möglichst breite Gefäße. Normale Blumenerde ist in Ordnung. Idealerweise versetzen Sie die aber mit etwas Sand.

Hell bis sonnig stellen und jeweils durchdringend gießen, wenn die Erde fast ausgetrocknet ist. Ingwer will saufen und dürsten, saufen und dürsten. Wenn er dann ausgetrieben hat, will er auch völlern. Also regelmäßig düngen. Wann der Austrieb erfolgt, ist unberechenbar. Es kann schon nach zwei Wochen passieren oder erst nach fast zwei Monaten. Hängt vom Zustand der Ursprungswurzel ab. Die Pflanze schießt rund einen Meter hoch und kann ebenfalls fein geschnitten als Würzkraut verwendet werden. Schmeckt wieder anders gut. Erntezeit ist ab spätem Herbst und durch den gesamten Winter. Bis dahin hat sich der Wurzelstock verdrei- bis vervierfacht. Abschneiden und genießen!

Ingwer gilt als überaus gesund. Er konserviert dank antibakterieller Inhaltsstoffe Nahrungsmittel und wirkt, so die Lehrmeinung, gegen Durchfälle, andere Verdauungsstörungen und Rheuma. Er senkt den Cholesterinspiegel und regt die Gallentätigkeit an. Angeblich verfügt er über „wärmende" Eigenschaften und beugt Erkältungskrankheiten vor, weshalb Ingwertee im Winter keine schlechte Idee ist.

Ingwer mit Honig

Wer keinen Ingwertee mag, sich aber trotzdem was Gutes tun will, probiert folgendes Winter-Rezept aus: einen Löffel Ingwer feinst reiben, mit einem Löffel Honig verrühren und verspeisen. Schmeckt auch nicht schlecht zu Müsli.

Ingwersauce für Lachssteaks

7-10 cm Ingwer, in sehr feine Stücke gehackt
1 Bund Frühlingszwiebel in feinen Stücken
3 EL Sesamöl
6 EL helle Sojasauce

Frühlingszwiebel und Ingwer in Sesamöl gut durchbraten, mit der Sojasauce ablöschen und sofort vom Herd nehmen. Schmeckt sehr gut über kurz gebratene Lachsfilets gekippt, die in diesem Fall - außer Salz - keiner weiteren Würze bedürfen.

CYMBOPOGON CITRATUS, CYMBOPOGON EXALTATUS

ZITRONENGRAS

Wenn das Zitronengras auf der anderen Seite des Zaunes fetter ist als Ihres, dann haben Sie lediglich die andere der beiden Sorten.

Wenig Deliziöseres gibt es, als den zarten und nie aufdringlichen Geschmack des aus Asien stammenden Zitronengrases. Es macht sich exzellent zu Suppen, Fischen und Hühnern, und wenn man es zusammen mit anderen Gewürzen und Kräutern in kräftigeren Marinaden zur Anwendung bringt, auch zu dunklem Fleisch. Man kann die recht großen Stängel des Zitronengrases zwar ganz gut einfrieren, doch da man als experimentierfreudiger Gierschlund stets das Frischeste vom Frischen in seine Kochtöpfe stopfen will, sollte man das Gras am besten in geräumigen Blumentöpfen kultivieren.

So wie ich. Doch irgendetwas deuchte mich an meinen Zitronengrasplantagen befremdlich. Man könnte sagen, dass die Zitronengräser auf den anderen Seiten der Zäune stets fetter waren als meine. Selbst bei subjektivster Schönredung der eigenen Exemplare konnte ich nicht umhin festzustellen, dass die Zitronengräser meiner Tante, meiner Freunde, meiner Stammgärtnereien immer – und zwar wirklich immer – größer und vor allem stängelmäßig wesentlich dicker waren als meine, zum Donnerwetter.

Zwischenzeitlich habe ich aber herausgefunden, woran das liegt: Es gibt unter den rund 55 bekannten Zitronengrasarten nur zwei, die hierzulande kommerziell vertrieben werden. Das westindische Zitronengras *Cymbopogon citratus* wird vegetativ, also durch Teilung vermehrt, weil es keine Samen treibt. Das etwas intensiver schmeckende ostindische Zitronengras *Cymbopogon exaltatus* hingegen ist als Saatgut erhältlich und bleibt feiner und dünner. Da ich natürlich angesät und nicht gleich Pflanzen gekauft habe, war die vermeintliche Mickrigkeit meiner im Übrigen ansonsten prächtigen Zitronengräser also sortenbedingt.

Egal welche Sorte Sie kultivieren: viel düngen, sehr sonnig stellen und auf keinen Fall, wie vielfach angegeben, kühl, sondern auf der sonnigen Fensterbank bei gelegentlichem Luftfeuchteauffrischen durch Sprühen überwintern. Und wenn Sie Ihr Zitronengras aus Samen ziehen: Die Pflanze ist ein Lichtkeimer, die Samen also nicht mit Erde bedecken und Geduld walten lassen. Die Dinger sind mitunter recht zickig in den ersten Wochen ihrer Existenz und wollen viel Luftfeuchte, recht bald Nahrung in Form von Dünger und auf jeden Fall viel Wärme und Licht.

Zitronengrasmarinade

3-4 Stängel Zitronengras
Saft von 2 Zitronen
3 Schalotten
1 Zehe Knoblauch
Chili nach Lust und Laune
3-4 EL Fischsauce
1 EL Honig
Salz, Pfeffer

Zitronengras, Schalotten, Knoblauch, Chili sehr fein hacken und mit Zitronensaft, Fischsauce, Honig und Salz mischen. Faule Leute wie ich werfen alle Zutaten in einen Cutter und mixen eine Art Marinadenpaste. Wie auch immer - marinieren Sie damit zum Beispiel mundgerecht geschnittene Hühnerstücke ein paar Stunden im Kühlschrank, bevor sie sie braten. Geht aber auch gut zu Fisch.

MURRAYA KOENIGII

CURRYBAUM

Wie man auf der Fensterbank indische Delikatessen in Form kleiner Bäume großzieht.

Sollten Sie jemals in einer indischen Reisspeise nicht zu kleine, dunkelgrüne Blätter entdeckt, etwas ratlos daran herumgekaut und sich gefragt haben, was das denn sei, dann haben Sie mit allergrößter Wahrscheinlichkeit die Blätter des wundervollen Currybaumes kennengelernt. In gekochtem Zustand schmecken sie, wie Sie bemerkt haben dürften, nach so gut wie nichts. Auch wenn man an ihnen kaut und an ihnen schnüffelt, bevor sie gekocht wurden, tut sich wenig bis nichts auf Zunge und Nase. Scheinbar machen die Dinger also überhaupt nie viel her.

Doch wie so oft in anderen Belangen auch zeigt sich hier, dass Ungeduld und oberflächliche Betrachtungsweisen die Schlüssel sind, die den tieferen Genüssen des Lebens den Riegel vorschieben. Denn wirft man die ledrigen Blätter des Currybaumes in heißes Fett oder kocht man sie zu Reis und anderem, entwickeln sie ein ganz eigenes, unbeschreibliches Aroma, das sich auf die Speise, in der sie mitgekocht werden, überträgt. Köstlich. Wer es mag, kann danach süchtig werden.

Da man in unseren Breiten nicht sehr oft in der glücklichen Situation ist, einen Laden ums Eck zu haben, der Currybaumblätter im Sortiment hat, muss man diese Pflanze entweder aus Samen ziehen oder im Topf erwerben. Warm und sehr sonnig will sie es, und zwischen den netzenden Güssen sollen die Wurzeln kurze Phasen der Trockenheit erleben dürfen, sonst wird es lausig im Blattwerk.

Die Überwinterung erfolgt unbedingt im Haus und am sonnigsten Platz, der zur Verfügung steht. Das hat nicht zuletzt den Vorteil, dass die Blätter stets zur Hand sind und die Gefahr, dass Ihnen der Baum über den Kopf wächst, gebannt wird. In seiner Heimat Ceylon wächst sich der Currybaum auf gute sechs Meter Höhe aus, eine Gefahr, die indoor schon allein aufgrund Ihrer unweigerlichen Gier nach mehr Currybaumblattcurries gebannt sein dürfte.

Apropos: Die Blätter sind nicht, wie der Name vermuten ließe, Bestandteil von Currymischungen und haben auch geschmacklich damit nichts zu tun.

Curryblattreis

Um das Aroma des Currybaumes kennenzulernen, sollte man es erst einmal pur verkosten, weswegen sich der simple Curryblattreis zum Einstieg empfiehlt. Sie können entweder zwei, drei ganze Blätter mit dem Reis mitkochen
Oder Sie machen Folgendes: Sie erhitzen zwei, drei Esslöffel Pflanzenöl, schmeißen die frischen Curryblätter dazu, rösten sie eine Minute, geben dann den trockenen Reis dazu, rühren noch einmal ein wenig durch, gießen schlussendlich mit der erforderlichen Wassermenge auf und kochen den Reis fertig. Das Curryblattaroma ist so eigenwillig, dass es, abgesehen von Salz, auch ohne Begleitung anderer Gewürze auskommt. Aber testen Sie selbst.

Rezeptverzeichnis

Notizen:

Notizen:

Bibliografische Information der Deutschen Nationalbibliothek
Die Deutsche Nationalbibliothek verzeichnet diese Publikation in der Deutschen Nationalbibliografie; detaillierte bibliografische Daten sind im Internet über http://dnb.d-nb.de abrufbar.

2. Auflage

Text und Fotos: Ute Woltron
Grafische Gestaltung: Fuhrer, Wien
Lektorat: Inge Fasan
Gesamtherstellung: Grasl Druck & Neue Medien, Bad Vöslau

ISBN 978-3-85033-517-1

Christian Brandstätter Verlag
GmbH & Co KG
A-1080 Wien, Wickenburggasse 26
Telefon (+43-1) 512 15 43-0
Telefax (+43-1) 512 15 43-231
E-Mail: info@cbv.at
www.cbv.at

Alle Rezepte und Informationen in diesem Buch wurden von der Autorin sorgfältig geprüft, es kann dennoch keine Garantie übernommen werden. Eine Haftung der Autorin bzw. des Verlags für Personen-, Sach- und Vermögensschäden ist ausgeschlossen.